Albertus Magnus

und die Wiederentdeckung der Mathematik

Im 13. Jahrhundert

Der Autor:

Eckhard Dallmer studierte Mathematik und Chemie und unterrichtete diese Fächer neben Informatik in einem Gymnasium. Nach seiner Pensionierung 2004 beschäftigte er sich mit Themen aus der Geschichte der Mathematik. Er lebt in Schöningen, der Stadt der Speere.

Eckhard Dallmer

Albertus Magnus

und

die Wiederentdeckung der Mathematik

im 13. Jahrhundert

Herstellung und Verlag:
BoD – Books on Demand, Norderstedt
ISBN 978-3-7392-0339-3

Inhaltsverzeichnis

Albertus pflegte zu sagen:[1]
"Hoc scio sicut scimus nam omnes parum scimus"

---

[1] „Das wissen wir, soweit wir es wissen, denn wir wissen nur wenig", Meister Eckart, Sermo Paschalis, a. 1294 Parisius habitus, ed. Loris Sturlese (Meister Eckart, Die lateinischen Werke V), Stuttgart, W. Kohlhammer 2006, S. 145.5-6

Geleitwort

Wer die archäologischen Denkmäler auf unserem Planeten genauer studiert hat, kann den Eindruck gewinnen, dass schon die ältesten Kulturen von *homo sapiens* nicht nur mit konkreten und abstrakten Zahlen sowie Zahlzeichen, sondern auch mit komplexen mathematischen Berechnungen vertraut waren. Denn sowohl die monumentalen Pyramiden in Ägypten und Mesoamerika, der Sonnenkalender der Ägypter und der Azteken und die astronomischen Beobachtungen der Babylonier und der Mayas belegen beachtliche mathematische Kenntnisse und Kalkulationen sowie deren Darstellung in Schriftzeichen. Es mag daher verwundern, dass man von der „Wiederentdeckung" der Mathematik im lateinischen Mittelalter spricht, und dies in einer Epoche, die nach Meinung vieler Zeitgenossen „finster, abschreckend und barbarisch war, und in der die Menschen unaufgeklärt, abergläubisch mit dunklem und dumpfen Bewusstsein lebten".[2] Der Grund für diese Einschätzung liegt sicher darin, dass das mathematische Erbe an seiner Bedeutung im vorwissenschaftlichen und wissenschaftlichen Denken der Lateiner bis zur karolingischen Renaissance und der ersten

---

[2] Albert Zimmermann, „'Finsteres Mittelalter'. Bemerkungen zu einem Schlagwort", in: Andreas Speer (Hg.), *Die Bibliotheca Amploniana. Ihre Bedeutung im Spannungsfeld von Aristotelismus, Nominalismus und Humanismus* (Miscellanea Mediaevalia 23), Berlin – New York 1995, 1.

8

großen Übersetzungswelle logischer, philosophischer, astronomisch-astrologischer, medizinischer und mathematischer Schriften im 12. und 13. Jh. stark eingebüßt hatte. Zwar wurde die Mathematik auch im frühchristlichen Mittelalter im Rahmen der sieben freien Künste (*artes liberales*), näherhin des *Quadrivium* gelehrt, aber nicht schöpferisch entfaltet. Mit der Entstehung der Universitäten um 1200 und der einsetzenden Verwissenschaftlichung des Denkens im Zuge der Aristoteles-Rezeption und der wissenschaftlichen Übersetzungsliteratur der Araber und Griechen kam es zu einer Wiederentdeckung der Mathematik, die im Kanon der Wissenschaften spätestens seit Boethius fest etabliert war.

In diesem Prozess der Wiederaufnahme der wissenschaftssystematischen Reflexion und der Umsetzung des mit ihr aufgestellten Programms kommt Albertus Magnus eine führende Rolle zu. Denn er hat die Mathematik nicht nur in seinem wissenschaftssystematischen Entwurf zum wesentlichen Teil der Realphilosophie erhoben, sie, genauer gesagt, in diesem Rahmen der Naturphilosophie vorgeordnet sowie ihren Gegenstand genau bestimmt,[3] sondern vor allem hat er mathematische Probleme in seinen philosophischen und theologischen Werken vielfach behandelt. Offen-

---

[3] Albertus Magnus, *Physica*, I–IV, ed. Paul Hossfeld (Alberti Magni Opera Omnia IV/1), Münster 1987, 1.43–49.55–58,67–2.24.54–56.63–69

sichtlich hat er neben den gesamten aristotelischen naturwissenschaftlichen Schriften auch die ersten vier Bücher der *Geometrie* des Euklid kommentiert.[4] Trotz dieser beachtlichen Leistungen auf dem Gebiet der Mathematik und speziell der geometrischen Optik und der Geometrie wurde Alberts Name in der Geschichte der Mathematik bis zur Mitte des letzten Jahrhundert kaum erwähnt. Mit der vorliegenden Monographie trägt der Mathematiker Eckhard Dallmer wesentlich dazu bei, das wissenschaftsgeschichtliche Defizit zu beseitigen und das mathematische Erbe des Doctor universalis einem breiten, auch fachfremden Publikum in leicht verständlicher Form näher zu bringen. Der Verfasser wird für seine verdienstvolle Arbeit entlohnt, wenn das vorliegende Buch viele interessierte Leser findet. Mit diesem Wunsch möchten wir das Buch auf dem Weg zum Leser gerne geleiten.

Henryk Anzulewicz

---

[4] Albertus Magnus, *Super Euclidem*, ed. Paul M. J. E. Tummers (Alberti Magni Opera Omnia XXXIX), Münster 2014. Cf. Robert Ineichen, „Zur Mathematik in den Werken von Albertus Magnus", in: *Freiburger Zeitschrift für Philosophie und Theologie* 40 (1993) 55–87. Anthony Lo Bello, *The Commentary of Albertus Magnus on Book I of Euclid's* Elements of Geometry (Ancient Mediterranean and Medieval Texts and Contexts / Medieval Philosophy, Mathematics, and Science III), Boston – Leiden 2002.

10

Vorwort des Autors

Meine erste Begegnung mit Albertus Magnus liegt inzwischen viele Jahre zurück. Im Jahre 2002 besuchte ich in Regensburg die Ausstellung in der Dominikanerkirche über Heilige, „die im Licht sind". Darunter aus dem 13. Jahrhundert Albertus Magnus. Seine Lebensbeschreibung, seine Neugier, sein Wissensdurst faszinierten mich.

Selbst neugierig geworden, kaufte ich mir ausgewählte Texte des Albertus Magnus in der lateinisch – deutschen Übersetzung von Albert Fries. Jetzt wurde die Beschäftigung mit dem ‚Doctor universalis' für mich noch spannender.

Im „Spektrum der Wissenschaft" von Nov. 2003 nennen ihn die Autoren in einer Abhandlung über ihn auch „…der große Neugierige". Und sie ergänzen: „In den Schriften des mittelalterlichen Naturforschers und Universalgelehrten lassen sich auf eindrucksvolle Weise die Anfänge einer erfahrungsorientierten Naturwissenschaft erkennen".[5]

Ich las Ausschnitte zu seiner Theologie, seiner Philosophie, seiner Naturforschung, seiner Einstellung zu empirischen Untersuchungen und zu seinen Bemerkungen zur Mathematik.

---

[5] Birgit Steib, Roland Popp, Albertus Magnus – der große Neugierige, Spekrum der Wissenschaft, 11.2003, S. 70-78

In seiner Vorlesung im Jahre 2004 zur Geschichte der Mathematik erwähnte Thomas Sonar[6] Albertus Magnus als einen Vertreter der Scholastik, der wohl auch über den mathematisch-philosophischen Bereich der Kontinuumsproblematik nachgedacht hätte.

Mit dieser Anregung begann meine Suche nach der Mathematik bei Albertus. Es verwundert sicher nicht, dass ich mich auch mit seiner Zeit, mit Zusammenhängen, Beziehungen und den Voraussetzungen seiner Zeit beschäftigen musste. Das Material über Albertus ist sehr umfangreich, allerdings nicht dasjenige über seine mathematischen Gedanken. Albertus war kein Mathematiker im heutigen Sinne. Er hat die ersten vier Bücher der Elemente des Euklid kommentiert und auch mit eigenständigen Gedanken und Beweisen versehen. Das hat niemand vor ihm im lateinischen Westen getan und schon gar nicht in einem derartigen Umfang. Er hat über die euklidische Geometrie hinausgehendes mathematisches Gedankengut wieder aufgenommen, modifiziert und somit auch die weitere Entwicklung in der Mathematik mit vorbereitet. Ungeklärt ist, warum es wieder Jahrzehnte dauerte, bis seine mathematischen Überlegungen und Arbeiten beachtet wurden.

Die Mathematik wurde bis dato fast tausend Jahre vernachlässigt und erst im 13. Jahrhundert geradezu

---

[6] Prof. Dr. Thomas Sonar, Technische Universität Braunschweig

wiederentdeckt. In der Antike gab es in den griechisch-sprachigen Ländern eine Blütezeit, geradezu eine Explosion des Wissens über die Welt. Wissenschaftliche Theorien erschienen als Lösung praktischer Probleme und dienten zum besseren Verständnis der Natur. Diesen Zugang verdanken wir Wissenschaftlern wie Archimedes, Euklid, Eratosthenes und manchen anderen Persönlichkeiten, nicht zu vergessen Aristoteles.

Um 300 v.Chr. entstanden die „Elemente des Euklid", überwiegend in der Hafenstadt Alexandria nahe dem Nildelta. Um 250 v.Chr. wirkte Archimedes von Syrakus. Erhalten sind z.B. seine Abhandlungen über Spiralen, Kugel und Zylinder, über die Quadratur der Parabel, über Paraboloide, über schwimmende Körper. Seine Arbeiten nehmen wichtige Elemente der Infinitesimalrechnung vorweg[7].

Alexandria war mit seiner berühmten Bibliothek ein damaliges wissenschaftliches Zentrum. Viele Arbeiten wurden dort gesammelt, eben auch die von Euklid und Archimedes. Und es wurde kopiert, sehr viel von Arabern. Viele wissenschaftliche Werke wurden auch ins Arabische übersetzt.

Aber schon kurze Zeit nach diesem wissenschaftlich geradezu goldenen Zeitalter wurden große Teile dieser Entwicklung rückgängig gemacht. Die Biblio-

---

[7] Oliver Dieser, Reelle Zahlen, Springer 2007, S. 61

thek von Alexandria mit etwa 700.000 Schriftrollen verbrannte 47 v.Chr. bei der Eroberung der Stadt durch Caesar. Unschätzbares war verloren. Die Römer übernahmen von den Griechen was ihnen möglich war und bewahrten es für kurze Zeit. Doch sie waren mehr an rein praktischen Anwendungen interessiert. Nennenswerte eigene wissenschaftliche Beiträge schufen sie nicht. Nach kurzer Zeit versank Europa in einer Erstarrung, in eine wissenschaftliche Dunkelheit, die über tausend Jahre hinweg nahezu jede geistige Entwicklung blockierte.

Erst die Wiederentdeckung der antiken Kultur bereitete den Weg in die Neuzeit. Die Wiederentdeckung ergab sich z.T. auch durch die Kreuzzüge, auf denen die Abendländer in engen Kontakt mit der Hochkultur des Islam kamen.

Durch diese gegenseitige Befruchtung der Kulturen entstanden im 13. Jahrhundert die ersten Universitäten, und die Übersetzer klassischer Werke der griechischen Antike wurden berühmt. Ganze Übersetzungszentren erblühten vom 11. Jahrhundert an in Spanien, das damals noch zu einem großen Teil arabisch besetzt war. So startete das Abendland wieder – wissenschaftlich gesehen. In der Mathematik auch Albertus Magnus. Das darzustellen soll Ziel dieser Arbeit sein. Bisherige Ausgaben des Euklidkommentars sind vorrangig editorische Arbeiten. Die in ihnen dargestellten mathematischen Probleme sind wenig bearbeitet worden. Deshalb sollen sie hier auch in größerem Zusammenhang dargestellt werden.

Dank

Gerne erinnere ich mich an meine Aufenthalte im Albertus-Magnus-Institut in Bonn. Dr. Henryk Anzulewicz hat mir sehr geholfen bei der Auswahl weiterführender Materialien aus der Institutsbibliothek, darüber hinaus mit Gesprächen, vielen Briefen und mit der Durchsicht meiner Manuskripte. Ich bin ihm zu besonderem Dank verpflichtet.

Ich danke Herrn Hartmut Förster aus Bietigheim-Bissingen für anregende Gespräche und Materialien.

Herrn Prof. Dr. Thomas Sonar danke ich für seine Ermutigungen, Ergebnisse meiner Recherchen in Vorträgen und in einer Veröffentlichung weiterzugeben.

Herrn Prof. Dr. Wirths danke ich für Hilfen und Hinweise bei lateinischen und mir nicht einfach zu verstehenden Passagen.

Ich danke Herrn Dr. Michael Künne, der mich bei der Überarbeitung meines Konzeptes beraten hat.

1.   Zeit der Scholastik

Das 13. Jahrhundert ist die Zeit der Hochscholastik. *„Fides quaerens intellectum' – der Glaube sucht einsichtig zu werden* -, sagt Anselm von Canterbury (1033 bis 1109). Die Scholastik will beides: Glauben und Wissen. Ihr Ziel ist es, ein umfassendes, lückenloses System zu schaffen, das alle Glaubens- und Vernunftwahrheiten vereint.[8] So könnte ich auch schon das Ziel von Albertus Magnus umschreiben.

In der Hochscholastik werden die meisten aristotelischen Schriften durch arabische Übersetzungen und Interpretationen bekannt. Aristoteles (384-322 v. Chr.) ist der Philosoph schlechthin. Die Bücher des Euklid werden ins Lateinische übertragen. Die ersten Universitäten sind oder werden gegründet: Bologna (1158), Paris (1170), Oxford (ca. 1200), Padua 1222). Die Schule von Oxford pflegt naturwissenschaftliche und mathematische Studien. Bekannt ist Roger Bacon (ca. 1219 bis 1292), für den die Mathematik an erster Stelle steht. Große Synthesen christlicher Überlieferung (Augustinus, 354-430) und antiken Denkens (Platon, 428 - 348 v. Chr.), Neuplatonismus und vor allem Aristoteles werden nun geschaffen. Auch hier muss man Albertus Magnus und seinen Schüler, den großen

---

[8] Volker Spierling, Kleine Geschichte der Philosophie, Piper 2010, S.93

16

Systematiker Thomas von Aquin (1225-1274), nennen. Mit der Vernunft, sagt Thomas, soll der Mensch die materielle Welt erkunden und mutig versuchen, Gottes Schöpfung zu verstehen.

Albertus Magnus war in das System und in Methoden der Scholastik eingebunden. Seine Art zu lehren und zu kommentieren ist typisch für diese Zeit. Mit „Scholastik" bezeichnet man die Epoche der Philosophie- und Theologiegeschichte, in der sich die scholastische Methode durchsetzte und das höhere Bildungswesen prägte. Es ist eine Denkweise und Methodik der Beweisführung, die in der lateinisch sprechenden Welt der Gelehrten entwickelt wurde. Die Scholastik beschränkte sich aber nicht auf bestimmte Fächer, sie wurde in allen Wissensgebieten praktiziert, so auch in der Medizin, den Naturwissenschaften und in der Metaphysik.

Die scholastische Methode entwickelte sich aus der antiken Dialektik, der Lehre vom wissenschaftlich korrekten Diskutieren und war die einzige im Bereich der Universität akzeptierte Verfahrensweise. Wesentliches Prinzip war der Dialog zwischen Vertretern gegensätzlicher Meinungen und der Versuch, jeweils den Anderen nach bestimmten Regeln zu widerlegen. Bei Disputationen und Questionenkommentaren war dieses Verfahren üblich. Man hatte großes Vertrauen in die Zuverlässigkeit des Schließens vom Allgemeinen auf das Besondere (Deduktion), wenn man die

Deduktion nur fehlerfrei durchführte und man meinte, so zur Beseitigung aller Zweifel führen zu können. Aus allgemeinen Grundsätzen logisch hergeleitetes Wissen galt als das sicherste Wissen, das es geben kann. Beobachtungen können einfach falsch sein oder falsch gedeutet werden. Ergaben sich aber Folgerungen, die einem anderen Grundsatz widersprachen, bemühte man sich zu zeigen, dass der Widerspruch vielleicht nur scheinbar war oder sich aus einem Missverständnis ergeben hatte.

Manche Magister, und hierzu gehört auch Albertus Magnus, bemühten sich aber nicht nur um ausgleichende Deutungen, sondern widersprachen einzelnen Lehrmeinungen von Autoritäten, sogar der des Aristoteles. Öffentliche Lehrveranstaltungen konnten nur Magister halten. Sie bestanden aus Vorlesung (lectio) und Streitgesprächen (disputationes), die der Erörterung und Klärung von Fragen (questiones) zu vorher bekannt gegebenen Themen dienten. Ergebnisse wurden schriftlich festgehalten und veröffentlicht. Lehrbücher spielten eine besondere Rolle. Ihre Kenntnis und ihr Verständnis waren ein wichtiges Ziel. Viele Werke scholastischer Gelehrten bestanden so aus Kommentaren zu Lehrbüchern. Der Kommentar zu den Büchern des Euklid von Albertus Magnus gehört dazu.

In der Spätscholastik geht das scholastische Vertrauen in die Vernunft jedoch zunehmend verloren.

18

Die Überzeugung von der Unvereinbarkeit von Glauben und Wissen nimmt zu.[9]

Das 13. Jahrhundert ist ganz allgemein eine Umbruchzeit. Die letzten Kreuzzüge werden initiiert, es ist die Zeit der Ketzer. Gotische Dombauten entstehen, frühe Universitäten werden gegründet, die Geldwirtschaft gewinnt an Bedeutung. Minnelieder werden gedichtet und gesungen, Marco Polo macht seine fantastischen Reisen. Es ist die Zeit der Staufer und von Friedrich II (1212-1250). Die „Magna Charta libertatum" wird 1215 verfasst, Dschingis Khan (1217) verbreitet Ängste. Im Rahmen der Reconquista durch die christlichen Truppen für Kastilien fällt 1236 Cordoba, das bis dahin unter muslimischer Herrschaft stand. Dante Alighieri (1265-1321) schreibt „Die Göttliche Komödie", eine die Hochscholastik krönende Dichtung. Im 10. Gesang im Paradies lesen wir[10]

> „Mein Seelenhirte war Dominicus;
> auf gute Weide führt er seine Herde,
> da nährt sich reichlich, wer sich nicht verläuft.
> Zur Rechten hier mein nächster Nachbar war
> ein brüderlicher Lehrer mir Albertus
> von Köln. Ich selbst bin Thomas von Aquino.

---

[9] Volker Spierling, Kleine Geschichte der Philosophie, Piper 2010, S.167

[10] Dante Alighieri, Die Göttliche Komödie, Deutsch von Karl Vossler, Atlantisverlag Zürich, 1941, Seite 409 (Lizenzausgabe Bertelsmannverlag)

Willst du die anderen sicher kennen,
so folge meinen Worten mit dem Auge
durch diesen Kranz von Seligen hin."

2. Zur Person Albertus Magnus

„Auf den ersten Blick erscheint er als eine nur
noch historisch zu erinnernde Gelehrtengestalt, auf
den zweiten Blick jedoch als derjenige Denker, der
die Konstellationen des Wissens und Denkens grund-
legend und das mit einer bis heute reichenden Wir-
kungsgeschichte verändert hat. Dies verwundert nicht:
Denn in exemplarischer Weise ist Albert eine Gestalt
der *Epochenschwelle*: auf der einen Seite noch ganz
der Bildungswelt des Mittelalters des ausgehenden 12.
und frühen 13. Jahrhunderts angehörig, ist er auf der
anderen Seite der, der als erster begreift, was eine
wissenschaftliche Weltsicht bedeutet und warum in
Zukunft *Bildung* nur noch auf dem *Weg der Wissenschaft* möglich ist." [11]

---

[11] Ludger Honnefelder, Woher kommen wir?, Berlin University Press
2008, S. 51

20

2.1 Sein Lebenslauf mit Eckdaten

Um 1200 wird Albertus in Lauingen an der Donau geboren. Sein Vater war vermutlich ein wohlhabender kaiserlicher Beamter. Über seine Jugendzeit ist fast nichts bekannt, er selber erwähnt später durch verschiedene Beispiele seine Naturverbundenheit.

In den Jahren 1222-1223 oder eher wird er Student der freien Künste in Padua, an einer der ersten Universitäten. Er studiert Philosophie und Medizin. Er lernt die Dominikaner kennen. Ihre Art, nach Christi Vorbild in Einfachheit zu leben, mitten unter die Menschen zu gehen und Gottes Wort zu verbreiten, lebenslang zu Studien verpflichtet zu sein, kommt ihm sehr entgegen und er tritt diesem Orden bei. Von 1223-1227 ist er in Köln. Es ist die Zeit seines Noviziats und regulären Ordensstudiums der Theologie und er erhält die Priesterweihe.

Von 1228-1240 ist er als Lesemeister (Lektor) zu verschiedenen Dominikanerklöstern ständig unterwegs, er unterrichtet seine Brüder und predigt in der Messe. Er spricht neben Latein auch Deutsch. Er ist in den verschiedensten Landschaften unterwegs, er studiert das Leben, er interessiert sich für die Natur, er beobachtet und macht eigene Erfahrungen.

Um 1240 geht er als erster Deutschsprachiger an die Universität in Paris, die bedeutendste Universität der Zeit. Und Paris ist ein internationales Kulturzentrum. 1245 erwirbt er den Titel eines Magisters (Doktor) der Theologie. Er beginnt eine intensive Lehrtätigkeit. Er kommentiert, erklärt, er bezieht fremde Gedanken mit ein. Er löst sich nicht von Platon und den Neuplatonikern, schon gar nicht von Augustinus, er bezieht aber das methodische und logische System des Aristoteles mit ein und schafft so einen Weg in eine neue Zukunft. Er präsentiert eine glaubensunabhängige, empirische Wissenschaftlichkeit und christliche Philosophie. Es gibt für Albert zwei sich ergänzende Wege, den Weg des Wissens und den Weg des Glaubens. Er weiß, dass logisches Denken die letzten Geheimnisse nicht entschlüsseln kann, und deshalb verbindet er seinen Begriff von Wissenschaft mit dem von Transzendenz, um so Widersprüche seiner Zeit zu vereinen.

1248 kehrt er nach Köln zurück, begleitet von seinem Schüler Thomas von Aquin (seit 1245 mit in Paris). Thomas wird noch stärker auf Aristoteles aufbauen und eine Grundlage für die moderne Theologie schaffen. Albertus übernimmt die Leitung des neu gegründeten *Studium Generale*, der ersten deutschen Ordenshochschule der Dominikaner in Köln, Vorläuferin der heutigen Universität. Sein Standbild steht daher am Hauptportal der Kölner Universität.

Seine Mitbrüder hatten ihn gebeten, ein Buch über die Naturwissenschaften zu verfassen, und zwar so, dass sie die Werke des Aristoteles besser verstehen könnten. Um 1250 fängt Albert mit einem solchen Werk an. Sein Plan ist aber viel umfassender. „Er wollte nicht nur die Grundzüge der Naturwissenschaft mit allen zur Verfügung stehenden Mitteln erläutern, er hoffte auch, die Gesamtheit der menschlichen Gelehrsamkeit, die alle Naturwissenschaften (von der leblosen wie der lebendigen Natur), die Logik, die Rhetorik, die Mathematik[12], die Astronomie, die Ethik, die Politik und die Metaphysik umfasst, systematisch zu erklären".[13]

Er wollte dabei der Ordnung und der Meinung des Aristoteles folgen, nach Notwendigkeit aber auch ergänzen oder korrigieren. Es sei nicht das Ziel der Naturwissenschaft, einfach die Behauptungen anderer zu übernehmen, sondern die Ursachen zu erforschen, die in der Natur am Werk sind. Diese Einstellung erklärt seine experimentellen Recherchen, für seine Zeit absolut ungewöhnlich, und so gilt er für manche Zeitgenossen auch als Magier. Doch die genauen Kriterien einer modernen Experimentalwissenschaft werden erst sehr viel später durch Francis Bacon (1561 - 1626) formuliert.

Im Jahre 1254 wird er Provinzialprior der deutschen Dominikanerprovinz und macht in den folgen-

---

[12] Der Kommentar zu den ersten vier Büchern des Euklids entsteht nach Paul Tummers nach 1235, aber vor 1260
[13] James A. Weisheipl, Albert der Große, Leben und Werke, (aus Manfred Entrich, Albertus Magnus, Sein Leben und seine Bedeutung, Styria, Graz, Wien, Köln 1982), S. 29-30

den drei Jahren sehr umfangreiche Reisen (zu Fuß!) innerhalb und außerhalb Deutschlands.

1260-62 ist er auf Wunsch von Papst Alexander IV. Bischof von Regensburg. Er saniert das heruntergekommene Bistum. Freude hat er an diesem Amt nicht. Er liebt den Prunk nicht, lästerhaft wird er Bruder Bundschuh genannt. 1262 erlaubt der neue Papst Urban IV. die Enthebung vom Amt. Albertus bleibt aber Weihbischof und erhält einen Dispens vom Armutsgelübte.

1263-64 ist er auf Geheiß von Papst Urban IV. Kreuzzugsprediger. Ich kann ihn mir als Kreuzzugsprediger nicht vorstellen. Es ging ihm gewiss ums Predigen, aber durch den Auftrag hatte er auch sein Auskommen,[14] und darauf sei es ihm wohl im Wesentlichen angekommen, meint Henryk Anzulewicz vom Albertus-Magnus-Institut in Bonn. Nach dem Tod von Urban IV. übernimmt er sofort eine Lehrtätigkeit in Würzburg und Straßburg.

1269 oder 1270 kehrt er nach Köln zurück und arbeitet weiter an seinem Gesamtwerk. Am 15. November 1280 stirbt Albertus. Seine Gebeine ruhen heute in

---

[14] Für ein sicheres Geleit, seinen Unterhalt, den Unterhalt seiner Begleitung von 18 Personen und 12 Pferden und Wagen soll „reichlich und geziemend" gesorgt werden. Nach Valmar Cramer, Albert der Große als Kreuzzugs-Legat für Deutschland, Köln 1933, S.76. Im Ausstellungskatalog, Albertus Magnus, Ausstellung zum 700. Todestag, Historisches Archiv der Stadt Köln, 1980

der Krypta von St. Andreas in Köln, gleich neben dem Dominikanerkonvent.

In Lyon erscheint 1651 die erste Gesamtausgabe der Werke von Albertus (heute 20.000 Buchdruckseiten). Eine große Anzahl der Bände dieser Ausgabe stehen in der Bibliothek des 1931 gegründeten Albertus-Magnus-Instituts in Bonn. Die Werke sind bis heute noch nicht alle neu ediert, geschweige denn übersetzt worden. Mit der kritischen Neuedition befassen sich mehrere hauptamtliche Editorinnen und Editoren. Der Gesamtplan sieht vor, dass mehr als 70 Werke Alberts des Großen in 41 Bänden gedruckt werden sollen.[15]

2.2 Weitere Anmerkungen zu seiner Charakterisierung

Henryk Anzulewicz vom Albertus-Magnus-Institut in Bonn schreibt: „Das aristotelische Wissenschaftsideal wurde von den Theologen wie Wilhelm von Auxerre, Albertus Magnus und Thomas von Aquin, um nur die bekanntesten zu nennen, rezipiert und assimiliert. Theologen vom Schlag eines Albertus Magnus waren es, die mit Hilfe des aristotelischen Wis-

---

[15] Siehe auch Maria Burger, „Albertus Magnus und die Editio Coloniensis", in: A. Sell u. a. (Hg.) Editionen – Wandel und Wirkung, Beihefte zur Editio, 2006, Niemeyer, Tübingen

senschaftsverständnisses ein Wissenschaftssystem entwarfen, in dem nicht nur die Theologie, sondern auch die profanen Wissenschaften ihren jeweils eigenen Gegenstand, ihre Methoden und Ziele sowie, was von besonderer Bedeutung war, auch ihre eigenen wissenschaftstheoretischen Grundlagen zugewiesen bekamen. In diesem Zusammenhang ist dann zu beobachten, dass die Theologie im Einklang mit dem aristotelischen Wissenschaftsideal gebracht, als Wissenschaft ausgewiesen und ihr Verhältnis zur Autorität und zu den profanen Wissenschaften differenzierter ausgearbeitet wird ... ".[16]

Die Größe seiner Leistung und auch die Besonderheit lassen sich erahnen, wenn man ihn mit Zeitgenossen vergleicht, z. B. mit Bonaventura (1217/18 – 1274), ebenfalls Pariser Magister der Theologie und Franziskaner, der keine philosophischen Werke und keine Aristoteleskommentare geschrieben hat. Er kennt natürlich Aristoteles, er ordnet aber die Philosophie den Grenzen der Theologie unter.

Albert stellt sein philosophisches Werk nicht einfach in den Dienst der Theologie, wenn er auch den Nutzen der Philosophie für die Theologie betont. Albert hat ein anderes Anliegen. Da es im Westen noch

---

[16] Henryk Anzulewicz , Rezeption und Reinterpretation: Pseudo-Dionysius Areopagita, die Peripatetiker und die Umdeutung der augustinischen Illuminationslehre bei Albertus Magnus, Arche Verbi, Subsidia 8, 2011, S. 103-104

kein Philosophiekonzept gibt, will Albertus deshalb die Philosophie auf der Grundlage der meist aristotelischen Texte „den Lateinern[17] überhaupt erst verständlich machen".[18] Damit war er seiner Zeit durchaus ein Stückchen voraus. Dabei erfuhr er auch massive Kritik und Unverständnis, schreibt er doch: „… Solche Leute haben den Sokrates getötet, haben Platon aus Athen gejagt, haben gegen Aristoteles gearbeitet und ihn zur Auswanderung gezwungen. Solche Menschen sind in der Gemeinschaft der Wissenschaftler das, was die Leber im Körper ist: Wie die ausfließende Galle den ganzen Körper verbittert, so gibt es auch im wissenschaftlichen Leben einige überaus bittere und gallige Menschen, die allen anderen das Leben verbittern und es nicht zulassen, in wohltuender Zusammenarbeit die Wahrheit zu suchen."[19] „Die naturwissenschaftliche Arbeit Alberts galt den meisten Ordensbrüdern als sündhafte Neugier. Philosophie, die Wissenschaft überhaupt, hatte aber für Albert ohne Schaden für die Theologie gleich dieser einen Eigenwert.

---

[17] Den lateinisch Sprechenden

[18] Physica I 1,1: nostra intentio est omnes dictas partes facere Latinis intelligibiles (Ed. Colon. IV 1:1,48sq); in Georg Wieland, Albertus Magnus, Primusverlag 2000, S. 127 (In Kobusch, Theo (Hrsg.), Philosophen des Mittelalters, Wissenschftliche Buchgesellschaft, Darmstadt 2000, S. 127

[19] Albertus Magnus, Politica l.8 c.6, ed. A. Borgnet, Paris 1891 (Opera omnia, VIII) p. 804; zitiert nach Birgit Steib, Roland Popp, Albertus Magnus – der große Neugierige, Spektrum der Wissenschaft, Nov. 2003, S. 71

Das war eine neue Weltanschauung."[20] Entsprechend sorgt er für Bibliotheken mit allgemeiner wissenschaftlicher Literatur. Es gelingt ihm schließlich, das gegen ihn vorgebrachte Misstrauen weitgehend abzubauen.

In seinem philosophischen Denken spielt die praktische Philosophie eine besondere Rolle. Alberts systematische Leistungen auf diesem Gebiet mit der Ethik als philosophischer Disziplin ist von der neueren Forschung besonders gewürdigt worden.[21] Albert ist nicht so harmonisch ausgeglichen wie der systematischere Thomas, hat aber sicher deutlich mehr Lebenserfahrung als Thomas. Insbesondere in den Jahren 1254 bis 1257, in denen er als Visitator seines Ordens ganz Deutschland durchzog, ist er viel mit dem Volk in Berührung gekommen; überall hat er Land und Leute mit wachem Naturforscherblick betrachtet. So wird er ein Menschenkenner, ...[22]

Im 16. Jahrhundert übersetzt der straßburger Arzt Walther Ryff[23] von Albertus „De animalibus". Der Titel lautet: „Thierbuch. Alberti Magni/Von Art Natur und Eigenschaften der Thierer Als nemlich Von Vier-

---

[20] Albertus-Magnus Institut Bonn, Ausstellungskatalog, Köln 1980

[21] Ingrid Craemer.Ruegenberg, Albertus Magnus, Hrsg. Henryk Anzulewicz, St. Benno Verlag, 2005, S. 43

[22] Hermann Glockner, Die europäische Philosophie, Reclam, Stuttgart 1958, S. 348-349

[23] Albertus <Magnus>/Ryff, Walther Hermann: Thierbuch; Franckfort am Main 1545 [Jacob]

28

füssigen/ Vöglein /Fyschen /Schlangen oder kriechen-
den Thieren/Und von den kleinen gewürmen die man
Insecta nennet".

Selbst der große Naturforscher des 16. Jahrhunderts, Conrad Gessner, beruft sich in seiner Naturge-
schichte der Tiere häufig auf Albertus Magnus.

Er ist also nicht nur Theologe und Philosoph, er ist
auch Naturkundiger. Er studiert die Welt der Natur
ganz unvoreingenommen. Seine Leistungen vor allem
in der Tier- und Pflanzenkunde verdienen deshalb
hervorgehoben zu werden.

Nicht zu unterschätzen sind darüber hinaus seine
Arbeiten auf den Gebieten der Physik, Chemie und
Mineralogie. Papst Pius XII. erklärte ihn am
16.12.1941, zehn Jahre nach seiner Heiligsprechung,
zum Patron der Naturwissenschaftler.[24]

Er war sicher als Biologe bekannter als ein Mathematiker.[25] Dennoch: „Seine Kenntnisse in Mathematik sowie auch die in Geographie („De natura loco-
rum") und Astronomie sollen so umfassend und seiner
Zeit voraus gewesen sein, dass Berechnungen von ihm
als Grundlage verwendet wurden, als ein Gremium am

---

[24] Litterae Apostolicae, Divus Thomas 20 (1942), S. 109-11

[25] A. G. Molland schreibt dazu in seiner Einleitung zu „Mathematics in the
Thought of Albertus", University of Aberdeen, Aberdeen 1980, S. 465:
„Albert is more renowned as a biologist than a mathematician. This is
just. His interests and abilities were far more in that direction, and he
could be in danger of being classified by a mathematician as woolly
minded"

Hofe von König Ferdinand von Spanien 250 Jahre später die Erfolgsaussichten für die Vorhaben von Christoph Columbus abschätzen sollte".[26]

In der Weltgeschichte von Prof. Dr. J. B. v. Weiß aus dem Jahre 1892 wird über die Vorgänge am Hofe berichtet: „Columbus ... Audienz bei Ferdinand und Isabella ... Diese hörten den Plan an und überwiesen ihn zur Beurteilung einer Versammlung von Professoren der Astronomie, Geographen und geistlichen Würdenträgern, die im Dominikanerkloster zu St. Stephan in Salamanca mit Colon zusammentraten. ... gewiss ist nur, dass die Mehrheit den Plan als unausführbar verwarf und dass die Minderheit, und zwar waren die Geistlichen darunter, besonders der gelehrte Dominikaner Deza, dafür gewonnen wurde."[27] Die Dominikaner dürften die entsprechenden Schriften Alberts gelesen haben. Die Nachricht in der „Illustrazione Vaticana" vom Januar 1932, dass in Sevilla eine Albertus-Handschrift mit Noten von Christoph Columbus vorhanden sei, konnte jedoch nicht bestätigt werden.[28]

---

[26] nach Sepp Kressierer, TU München, Fakultät für Physik, 2000

[27] zitiert von J.M. Schneider in seiner Abhandlung „Aus Astronomie und Geologie des hl. Albert des Großen", DIVUS THOMAS, Jahrbuch für Philosophie und spekulative Theologie, III. Serie, 10. Jahrg., 1932, Schweiz, S. 66

[28] nach einer Anfrage von Dr. Birgit Steib an das INSTITUCIÒN COLOMBINA in Sevilla, Antwort vom 19.09.2001, Albertus Magnus Institut Bonn

Welche Erkenntnisse Alberts könnten nun von Bedeutung gewesen sein? Für ihn war die Erde eine Kugel. Er hatte dieselben Argumente wie 350 Jahre später Kepler. In seinem Werk „De caelo et mundo" schreibt er „Nur eine Kugel vermag, aus welcher Richtung auch immer die Beleuchtung kommt, auf den Mond einen vollkommen runden Schatten zu werfen".[29] Und die Antipoden können für ihn bewohnbar sein. Niemand fällt da von der Erde. Er schreibt „Der untere Teil der Erde sollte nicht im Verhältnis zu uns, sondern in absoluter Weise gesehen werden. Was absolut unterhalb ist, was also von überall aus unten genannt werden muss, ist der Mittelpunkt der Erde".[30]

Albert berechnet in „De caelo et mundo" auch den Erddurchmesser[31] und benutzt dabei sehr kritisch überlieferte Vermutungen zum Umfang. Den aristotelischen Angaben über 24000 Meilen misstraut er. Er übernimmt die Angaben von Alkmaion von Kroton (Griechischer Naturphilosoph, 6./5.Jahrh. v. Chr.) über 20400 Meilen, mit der die weisen Mathematiker übereinstimmen, wie er schreibt. Er errechnet dann daraus einen viel zu kleinen Durchmesser von 927 Meilen. P. Hoßfeld kritisiert und stellt fest, „dass das

---

[29] Albertus Magnus, „De caelo et mundo", lib. II, tr. 4, cap.9
[30] Albertus Magnus, „De natura locirum", tr. 1, cap.12
[31] „De caelo et mundo", lib. II, tr. 4, cap.11, Edition P. Hoßfeld S. 199-201, 1971

Teilen mit großen Zahlen nicht seine Stärke ist".[32] Genau das scheint aber nicht so zu sein, denn die Art seines Fehlers zeigt, dass er genau teilen und mit Brüchen umgehen konnte. Er hat offensichtlich 3 1/7 (Näherung der Kreiszahl Pi) in 22/7 verwandelt und korrekt 20400 durch 22 dividiert. Das ergibt 927. Er hat dann lediglich vergessen, mit 7 zu multiplizieren.[33] Er hätte sonst 6491 Meilen erhalten, wie später auch Roger Bacon. Immerhin kann man so seine Bemerkung verstehen, dass „die Erde ... von kleiner Größe ist".[34] Eine römische Meile entsprach 1,479 km. Danach hätte die Erde einen Umfang von etwa 30172 km. Eine solche Fehleinschätzung konnte Kolumbus natürlich ermutigen. Aber auch Roger Bacon ermutigte durch seine Fehleinschätzung, wenn er schreibt: „Das Meer zwischen der spanischen Westküste und dem Anfang von Indien im Osten lässt sich in ganz wenigen Tagen durchsegeln, wenn der Wind günstig ist."[35] Kolumbus zitiert 1498 diese Aussage in einem Brief an Ferdinand und Isabella und bemerkt dazu, u. a. habe ihn auch diese Behauptung zu seiner Fahrt im Jahre 1492 angeregt.[36]

---

[32] P. Hoßfeld „Albertus Magnus als Naturphilosoph und Naturwissenschaftler", Albertus-Magnus-Institut, Bonn 1983, S. 36

[33] Hinweis von Prof. Dr. K.-J. Wirths, TU Braunschweig

[34] wie Fußnote 22

[35] Roger Bacon, Opus maius, IV, 4, 1267

[36] Nach Will Durant, Reihe Kulturgeschichte der Menschheit XIII, Zeitalter des Glaubens IV, Das Christentum auf dem Höhepunkt, S. 311, Edition rencontre Lausanne, o. Jahresangabe

Aber auch eine andere Rechnung ist denkbar. Albertus bemerkt in der Weltmessung (oder Erdvermessung) *cosmimetria*, dass eine Meile gleich 4000 *cubiti* genommen werde. Ein *cubitus communis* entsprach 0,4839m. Demnach entspricht eine Meile 1935,6 m. Der Erdumfang betrüge dann 39486 km. Dieses Ergebnis käme dem tatsächlichen Erdumfang von 40079km schon sehr nahe.[37]

---

[37] nach J.M. Schneider in seiner Abhandlung „Aus Astronomie und Geologie des hl. Albert des Großen, DIVUS THOMAS, Jahrbuch für Philosophie und spekulative Theologie, III. Serie, 10. Jahrg., 1932, Schweiz, S. 57

3.   Mathematik im Mittelalter

Eine Seminarankündigung von Thomas Sonar[38] zum Thema Mathematik im Mittelalter beschreibt in kurzer prägnanter Weise die Situation dieser Zeit. „Das Mittelalter wird häufig als das dunkle Zeitalter bezeichnet. Protagonisten dieser Sichtweise ist häufig jedoch nicht klar, dass unsere Wissenschaften – und insbesondere Mathematik und Philosophie – tiefe Wurzeln in der Scholastik haben und heute sicher anders aussehen würden, wäre das Mittelalter anders verlaufen. In der Zeit des Römischen Weltreiches war Mathematik nicht gefragt. Die griechische Kultur konnte sich nicht durchsetzen, und die hervorragenden Werke der griechischen Mathematiker wurden im Abendland vergessen, aber von der sich im Mittelmeerraum etablierten islamisch-arabischen Kultur assimiliert, übersetzt und weiterentwickelt. Mit der Entstehung des fränkischen Reiches durch Karl den Großen (gekrönt 800 n. Chr.) kam das Interesse an den ‚Wissenschaften' zwar langsam zurück, allerdings galt ein Mönch bereits als mathematisch gelehrt, wenn er das Datum des Osterfestes berechnen konnte. Die Kreuzzüge brachten die abendländischen Barbaren in engen Kontakt mit der Hochkultur des Islams. Im 13. Jahrhundert entstehen die ersten Universitäten, Über-

---

[38] Prof. Dr. Thomas Sonar, TU Braunschweig

setzer klassischer Werke der griechischen Antike (Aristoteles, Euklid) aus dem Arabischen ins Lateinische werden berühmt. Ganze Zentren solcher Übersetzer entstehen in Spanien, das zu einem großen Teil arabisch besetzt ist. Im 14. Jahrhundert ‚startet' das Abendland wieder: Thomas Bradwardine und Robert Swineshead in Oxford philosophieren über das Kontinuum und Nicole Oresme beweist (u.a.) in Paris die Divergenz der harmonischen Reihe ...".[39]

Die Genannten beginnen nicht bei Null, sie beziehen das mathematisch-philosophische Gedankengut der Hochscholastik, eben auch das des Albertus Magnus in ihre Diskussionen und Überlegungen mit ein. In den Schriften von Albertus Magnus und Thomas von Aquin liegen damit die philosophischen Keime jener Lehre von den ‚Indivisiblien'[40], mit denen später Cavalieri die moderne Mathematik mit eingeleitet hat.[41]

Wichtig waren also die Übersetzungen und Bearbeitungen durch die Araber, die ihrerseits an der Tradierung mathematischer Aufgaben und Methoden östlicher Völker (Inder, Chinesen) beteiligt waren.[42]

---

[39] Thomas Sonar, Mathematik im Mittelalter, Pro- und Hauptseminar 2003, Ankündigungstext

[40] unendlich kleine, nicht teilbare Größen

[41] Geschichte der Mathematik, Sammlung Göschen 226, Berlin 1922, S.66

[42] Menso Folkert, Mathematische Handschriften des Mittelalters, HTML-Version in: Einsichten, Forschung an der Ludwig-Maximilians- Universität München 1, 1996, Seiten 28-31

Nach Menso Folkert sei die mittelalterliche Mathematik aber auch Vorbild und Wegbereiter für moderne Vorstellungen gewesen. Es habe sich die Idee der funktionalen Abhängigkeit entwickelt (Paris), das Rechnen mit unendlichen Reihen habe begonnen, Bewegungsabläufe seien untersucht worden, eine Proportionenlehre habe sich entwickelt, Überlegungen u. a. zum ‚Kontingenzwinkel' (zwischen Kreisbogen und Tangente) hätten zu Überlegungen über das Kontinuum, die Stetigkeit und das Unendliche geführt.[43] Viele Veränderungen in der Mathematik seien jedoch noch nicht nachvollziehbar, da die Quellenforschung bis heute lückenhaft sei.[44]

Wollte man das mathematische Bewusstsein der Zeit weitergehend beschreiben, müsste man auch noch Leonardo von Pisa, genannt Fibonacci, nennen. Er schreibt 1202 (1228) *Liber abaci'*, ein Rechenbuch mit ganzen und gebrochenen Zahlen (er benutzt Zahlzeichen), Quadrat- und Kubikwurzeln, mit Dreisatz, linearen und quadratischen Gleichungen, Fibonacci-Folgen. 1225 entsteht die unvollendete zahlentheoretische Schrift *Liber quadratorum'* mit z. T. eigenständigen Ergebnissen.

---

[43] Menso Folkert, ebenda
[44] Menso Folkert, ebenda

4. Mathematik in den Schriften von Albertus Magnus

Moderne Mathematik ist anders als alte und mittelalterliche Mathematik. Die Mathematik der damaligen Zeit umfasste die Arithmetik (elementarste Zahlentheorie) und die Geometrie. Unter Geometrie verstand man die zwei- und dreidimensionale euklidische Geometrie, die Elementargeometrie, die sich mit Punkten, Geraden, Ebenen, Abständen, Winkeln, etc. beschäftigt. Dazu gehören auch Begriffsbildungen und Methoden der mathematischen Behandlung dieses Themas.

Will man die Fähigkeiten Alberts in der Mathematik beurteilen, sollte man immer die mathematischen Kenntnisse aus der damaligen Zeit im Blick haben.

Bei A. C. Crombie in '*The History of Science from Augustine to Galileo*' taucht Albertus Magnus als Mathematiker nicht auf. Es gibt aber eine Reihe von Darstellungen der Mathematikgeschichte, in denen Albertus Magnus ganz selbstverständlich erwähnt wird.[45]

A. G. Molland geht in seiner Abhandlung ‚*Mathematics in the Thought of Albertus Magnus*' recht einfühlsam auf die Frage nach dem Mathematiker ein. Er

---

[45] Robert Ineichen, Zur Mathematik in den Werken des Albertus Magnus, Freiburger Zeitschrift für Philosophie und Theologie, Freiburg, Schweiz, 1993, Band/Heft 40, Seiten 55-87, S. 55

meint, um Alberts Vorstellungen von Mathematik angemessen wieder zu entdecken und zu würdigen, müsse man immer nach dem Gedanken hinter den Worten suchen[46]. Er nennt diese Methode einen impressionistischen Ansatz. Paul Tummers formuliert ebenfalls die eingeschränkten Fähigkeiten Alberts in der Mathematik[47].

Zu Beginn seiner *Physik* umreißt Albertus Magnus – wie Bernhard Geyer[48] schreibt – den Plan seiner Aristoteles-Paraphrasen (erklärende Umschreibungen). Darin steht, dass er die Mathematik nach der Naturwissenschaft und vor der *scientia divina* behandeln will. Und zu Beginn der *Metaphysik* schreibt er, dass er die Naturwissenschaft und die Mathematik (*naturales, disciplinales*) behandelt habe und nun zur *Metaphysik* übergehen könne. Albert hat also eine genaue Vorstellung, mit welcher Systematik er seine

---

[46] Molland schreibt „To recreate effectively his vision of mathematics we need to adopt a more impressionistic approach and always search for the thought behind the words, for often this does not shine clearly through them.“

[47] „…, we perhaps already have some idea of Albert's abilities as a mathematician. Frankly, in my opinion, Albert does not reveal as much insight into mathematics in this commentary as one might have expected. He does not always understand his sources and he makes mistakes." in "The Commentary of Albert on Euclid's Elements of Geometry" bei James A. Weisheipl (Hg.), Albertus Magnus and the Sciences. Commemorative Essays (Studies and Texts 49), Toronto 1980, S.488

[48] Bernhard Geyer, Die mathematischen Schriften des Albertus Magnus, Angelicum: Periodicum trimestre Pontificiae Studiorum Universitatis a Sancto Thoma Aquinatae in Urbe, Roma, Band 35, 1958, S. 162

38

philosophischen Arbeiten abhandeln will. Er fängt mit der Realphilosophie an, die für ihn Naturphilosophie oder Physik beinhaltet, und fährt dann mit der Mathematik und der Metaphysik fort. Der Sache nach steht bei ihm die Metaphysik (für ihn die „göttliche Wissenschaft") an erster Stelle, an zweiter die Mathematik.[49] Alle genannten Teile will er den Lateinern (der lateinisch sprechenden Welt) zugänglich machen.[50] Es gibt in alten Katalogen Hinweise auf diese angekündigten mathematischen Schriften, sie sind aber bis heute nicht aufgefunden worden[51]. Alberts Vorhaben, die gesamte Mathematik zu bearbeiten, hat – abgesehen vom Euklid-Kommentar – damit nicht viele Spuren hinterlassen.[52]

4.1 Zur Existenz des Euklidkommentars von Albertus Magnus

In der Dominikanerbibliothek in Wien ist ein mathematisches Werk vorhanden, das heute mit guten Gründen Albertus Magnus zugeschrieben wird: der Euklidkommentar HS 80/45 105r, am oberen Rande

---

[49] Ingrid Craemer-Ruegenberg, Albertus Magnus, Leipzig 2005, S. 39
[50] Albertus Magnus, Physica, cit., S. 1.48-49
[51] Bernhard Geyer, Der alte Katalog der Werke des hl. Albertus Magnus, Miscell. Giovanni Mercati, Citta del Vaticano, 1946, 398-413
[52] Ingrid Craemer-Ruegenberg, Albertus Magnus, S. 41

überschrieben mit *‚Primus euclidis cum commento Alberti'*.[53]

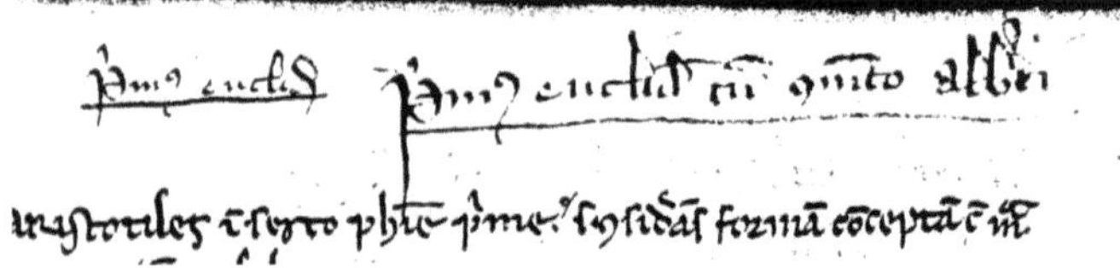

Die Frage, ob dieser Albertus mit Albertus Magnus identisch ist und ob die Handschrift ein Autograph von Albertus Magnus ist, hat viele Forscher intensiv beschäftigt. Schrift und Stil wurden sehr umfangreich untersucht, weiterhin zeigen zahlreiche Stellen in den Werken von Albertus Magnus auffallende Übereinstimmungen mit entsprechenden Stellen im ‚Albertus-Kommentar'. P. Hoßfeld (1982) schließt in seiner Untersuchung: „Der Euklid-Kommentar ist in dem Sinne ein ‚Autograph', dass er wahrscheinlich nicht von Albertus Magnus geschrieben worden ist, aber wahrscheinlich von Albertus Magnus diktiert wurde ..., wobei Albert den Stoff weiter durchdachte, umdachte und den gerade niedergeschriebenen Text während des Diktats häufiger korrigieren ließ."[54]

Wie mir Henryk Anzulewicz am 13.10.2005 berichtete, hat Paul Hoßfeld inzwischen wieder einige

---

[53] Robert Ineichen, Zur Math. in den Werken des Albertus Magnus, S. 59

[54] Hoßfeld, Paul, Zum Euklidkommentar des Albertus Magnus, Archivum Fratrum Praedicatorum, Instituto Storico Domenicano, Roma 1982, Band/Heft 52, Seiten 115-133, hier S. 133

Zweifel. Sicher ist sich aber der amerikanische Albertus-Magnus-Forscher A. LO BELLO, der sich mit mehreren Veröffentlichungen zu Albertus einen Namen gemacht hat. Recht sicher ist sich Paul Tummers. Die Hypothese, dass Albertus Magnus der Autor des Werkes ist, belegt er überzeugend.[55] Wie auch immer, der Kommentar gibt uns zumindest ein vollständiges Bild über den Stand der Mathematik in diesem Zeitraum.[56]

4.2 Worum geht es bei den Elementen des Euklid?

Man kann davon ausgehen, dass am Ende des 4. Jahrhunderts v. Chr. die ganze Mathematik, wie sie in

---

[55] "The Commentary of Albert on Euclid's Elements of Geometry" in James A. Weisheipl (Hg.), Albertus Magnus and the Sciences. Commemorative Essays (Studies and Texts 49), Toronto 1980, S. 499

[56] Ebenda S.499, P. Tummers schreibt „Given the parallel passages and important correspondences between our commentary and the authentic works of Albertus Magnus, we cannot but take as a well-grounded hypothesis that Albertus Magnus is the author of that work. Evaluating the commentary itself, we can say that it throws new light upon the role of mathematics in the view of Albertus Magnus and on his estimation of that science. While it is true that the mathematical level of the commentary is not as high as one would expect, it is also true that its author had a fair knowledge of the relevant literature, and that he tried to rework many of his sources critically, and to make Euclid "intelligible" to his readers. In the last analysis, even if one rejects our hypothesis that Albertus Magnus is the author of this commentary, it is still an important work. It is one of the earliest, if not the earliest original Latin commentary on Euclid's Elements, contemporary with Albertus Magnus. It at least gives us a fuller picture of the state of mathematics in that period."

der Schule Platons betrieben wurde, in den Elementen Euklids zusammengefasst war. Dieses Hauptwerk Euklids umfasst dreizehn, üblicherweise römisch nummerierte Bücher. Die Bücher I bis IV und VI behandeln die ebene Geometrie, die Bücher XI bis XIII die räumliche Geometrie. Die Bücher XII bis IX behandeln positive ganze Zahlen, im Buch V geht es um Proportionen, Buch X beschreibt Konstruktionsmöglichkeiten mit Zirkel und Lineal.

Erkennbar ist der Einfluss der Pythagoreer[57]. Diese hatten das Problem erkannt, dass sie für die Seite und die Diagonale eines Einheitsquadrates kein gemeinsames Maß[58] hatten. Es gelang aber nicht, das Problem logisch zu durchdringen und zu axiomatisieren. Es blieb nur der Weg, die Algebra zu geometrisieren. Im Bereich der rationalen Zahlen (ganze Zahlen und Brüche) hat $x^2=2$ keine genaue Lösung, im Bereich der Strecken ist sie als Diagonale im Einheitsquadrat vorhanden. So wurden denn lange Zeit (bis ins 16./17. Jahrhundert) algebraische Probleme geometrisch gelöst. Als Hilfsmittel waren durch den Platonismus nur Zirkel und Lineal zugelassen.

---

[57] Als Pythagoreer bezeichnet man im engeren Sinne die Angehörigen einer religiös-philosophischen, auch politisch aktiven Schule, die Pythagoras von Samos in den zwanziger Jahren des 6. Jahrhunderts v. Chr. in Unteritalien gründete. Für die Pythagoreer charakteristisch ist die Überzeugung, dass der Kosmos eine nach bestimmten Zahlenverhältnissen aufgebaute harmonische Einheit bildet.

[58] Das gemeinsame Maß wären durch Brüche darstellbare Zahlen.

Eine ganze Welt hat aus den Elementen des Euklid Geometrie gelernt, bis heute. Vieles erinnert an den Geometrieunterricht an unseren Schulen[59]. Ich beschränke mich mit meinen Hinweisen auf die ersten vier Bücher.[60] Eingeleitet werden die Bücher in den Elementen durch Definitionen (Übersetzung von Clemens Thaer aus dem Griechischen), als Beispiel aus Buch I:

1.   *Ein **Punkt** ist, was keine Teile hat,*
2.   *eine **Linie** (ist eine) breitenlose Länge.*
3.   *Die Enden einer Linie sind Punkte.*
4.   *Eine gerade Linie ist eine solche, die zu den Punkten auf ihr gleichmäßig liegt*
5.   *Eine Fläche ist, was nur Länge und Breite hat*

        ....

*23. **Parallelen** sind gerade Linien, die in derselben Ebene liegen und dabei, wenn man sie nach beiden Seiten ins Unendliche verlängert, auf keiner einander treffen.*

---

[59] Der euklidische Stil mit der Aufeinanderfolge von Satz und Beweis, ohne Motivation, Anwendung oder Kommentar als didaktisches Prinzip in den Schulen bis Mitte des letzten Jahrhunderts hat den Mathematikunterricht nicht unbedingt gefördert. (siehe auch die Einleitung von Peter Schreiber zu den Elementen von Euklid, Verlag Harri Deutsch, Frankfurt a.M., 2003)

[60] Die Elemente von Euklid, aus dem griechischen übersetzt und herausgegeben von Clemens Thaer, Verlag Harri Deutsch, Frankfurt a. M. 2003, S. 1f.

Manche Definitionen sind lediglich deskriptiv. Auf die Definitionen folgen im ersten Buch Postulate (Grundsätze), z.B. wird gefordert,

1. *dass man von jedem Punkt nach jedem Punkt die Strecke ziehen kann,*
2. *dass man eine begrenzte gerade Linie zusammenhängend gerade verlängern kann,*
3. *...*

Darauf folgen Axiome (Grundsätze, die allgemein und unbezweifelbar sind).[61].

1. *Was demselben gleich ist, ist auch einander gleich*
2. *Wenn Gleichem Gleiches hinzugefügt wird, sind die Ganzen gleich*
3. *...*

Jedes Buch ist dann in Propositionen (in der Ausgabe von Harri Deutsch als §§ gekennzeichnet) eingeteilt. Das sind entweder Aufgaben oder Lehrsätze (Theoreme). Die Aufgaben werden gelöst, die Theoreme ausführlich bewiesen.

---

[61] Mängel im Axiomensystem des Euklids (z.B. fehlen Axiome der Anordnung) sind erst 1899 von David Hilbert (1862-1943) behoben worden

4.3 Über den Euklidkommentar des Albertus Magnus

Der Albertus-Kommentar ist der erste eigentliche Kommentar zu Euklids Elementen, der im lateinischen Westen geschrieben worden ist.[62] Das mathematische Niveau ist allerdings nicht so hoch wie man erwarten könnte. Albertus scheint auch nicht immer alles verstanden zu haben, gelegentlich unterlaufen ihm auch Fehler. Doch dies ist „für den größeren Zusammenhang von geringerer Bedeutung gegenüber der Fülle des gesicherten Wissens, das Albertus sowohl an… Einzelheiten wie an entwicklungsgeschichtlichen Zusammenhängen besitzt – ein Wissen freilich, das bedauerlicherweise nicht auf die nachfolgenden Forschergenerationen weitergewirkt hat"[63].

Als Albertus sich mit dem Euklid-Kommentar beschäftigte, traf er auf Vorläufer und Vorarbeiten, insbesondere in Form von Übersetzungen. Das damit verbundene Wissen nutzte er für eigene Überlegungen. Die wichtigsten Vorläufer für ihn waren

---

[62] Robert Ineichen, Zur Mathematik in den Werken des Albertus Magnus, S. 77

[63] J.E. Hofmann, Über eine Euklidbearbeitung, die dem Albertus Magnus zugeschrieben wird, in: Proceedings of the [13.] International Congress of Mathematicians, 14.-21. August 1958, Cambridge 1960, 554-566, S. 561

45

- Boethius (ca. 480 – 524). Seine Geometrie ‚*De geometria*‘ basiert auf unvollständigen Euklidübersetzungen. Sie enthält nur einfache Resultate ohne Beweise. Die Schrift des Boethius gehört zu den griechisch-lateinischen Quellen. Albert hat wahrscheinlich die Übersetzung von Boethius gekannt, aber nicht benutzt.

- Al-Nayrizi (Anaritius, ca. 897 – ca. 922). Der Araber aus Bagdad kommentiert Euklids Elemente. Albert nutzt diesen Kommentar.

- Die Arbeiten Adelhards von Bath, eines britischen Mönchs, gest. 1142. Zu den von ihm übersetzten Werken gehören unter anderem Euklids Elemente. Es ist die erste Übersetzung ins Lateinische aus dem Arabischen. Mit seinem Namen werden drei Versionen verbunden, Adelard I, II, III genannt. Sie unterscheiden sich stark, I ist eine beinahe vollständige Übersetzung, in II sind die Beweise durch Anleitungen ersetzt. Diese Version benutzt Albertus überwiegend, er übernimmt aber nicht immer dieselben Formulierungen.

- Und die Übersetzung des Gerhard von Cremona (1114-1187 in Toledo). Er bietet Anfang der zweiten Hälfte des 13. Jahrhunderts eine verbesserte, später gedruckte Version einer lateinischen Euklid-Übersetzung auf der Grundlage von Adelhards Übersetzungen. Albertus soll diese Übersetzung ebenfalls benutzt haben.

4.4 Aus dem Euklidkommentar des Albertus Magnus

Albertus eröffnet seinen Kommentar mit eher philosophischen Überlegungen. Linie, Fläche und Körper sind für ihn Grundelemente des Kontinuums (das ununterbrochen Fortlaufende). Er erwähnt dann weiter, wie eine Art von Grundelementen aus einer anderen Art durch gedachte Bewegungen (Fließen, siehe auch Kap. 6.3) erzeugt werden kann. Nach der bemerkenswerten Einleitung[64] folgt der eigentliche Kommentar. Er ist dabei ein gewissenhafter Berichterstatter, er zählt ihm bekannte Lehrmeinungen auf und bringt auch seine eigenen Gedanken deutlich zur Kenntnis.

Er beginnt dann mit der ersten Definition aus Buch I:

1. *Punctum est cui pars non est* (Ein Punkt ist, was keine Teile hat)

Darauf folgen ein Kommentar und anschließend die zweite Definition:

2. *Linea est longitudo sine latidudine cuius extremitates quidem duo sunt puncta*
   (eine Linie hat breitenlose Länge, die Enden einer Linie sind Punkte)

---

[64] Robert Ineichen, Zur Math. in den Werken des Albertus Magnus, S. 79

3. …

Es folgen mit geringen Abweichungen die anderen Definitionen, z.B

Buch I Def. 24 in der Übersetzung des Adelhard von Bath (I)[65]

Equidistantes lineae sunt que in una superficie collocate, et in aliquam partem protracte, non coniungentur etiam si in infinita protrahantur.

(Parallelen sind gerade Linien, die in derselben Ebene liegen und dabei, wenn man sie nach beiden Seiten ins Unendliche verlängert, auf keiner einander treffen).

Es folgen die Postulate (petitiones, Axiome) und Sätze (Theoreme, Propositionen), z.B. der **Satz des Pythagoras:**

Ausschnitt aus Buch I Prop. 46:

In omni triangulo rectangulo quadratum quod a latere recto angulo opposito in se ipsum ducto describitur, aequum est duobus quadratis quae ex duobus reliquis lateribus in se ductis circumscribuntur.

(In allen rechtwinkligen Dreiecken ist das Quadrat, welches über der dem rechten Winkel entgegen gesetzt liegenden Seite aus ihr heraus beschrieben wird, gleich wie die beiden Quadrate, die über den zwei

---

[65] H.L.L Busard, The Fist Latin Translation of Euclid's Elements commonly ascribed to Adelard of Bath, 1983, S. 32

48

verbleibenden Seiten aus sich beschrieben werden.)
Siehe Abb. S. 85.

„Am rechtwinkligen Dreieck ist das Quadrat über
der dem rechten Winkel gegenüberliegenden Seite den
Quadraten über den rechten Winkel umfassenden
Seiten zusammen gleich."[66]

Im Buch III Prop. 15, heißt es:

*Si ab alteruto terminorum diametri cuiuslibet cir-
culi orthogonaliter linea ducatur, extra circulum eam
cadere necesse est atque inter illam et circulum aliam
lineam capi impossibile est. Angulum autem ab illa et
circumferentia contentum omnium acutorum esse
acutissimum, angulum vero intrinsecum a diametro et
circumferentia contentum omnium acutorum esse
amplissimum necesse est.*

(Eine rechtwinklig zum Kreisdurchmesser vom
Endpunkt aus gezogene gerade Linie muss außerhalb
des Kreises fallen, und in den Zwischenraum der geraden Linie und des Bogens lässt sich keine weitere
gerade Linie nebenhineinziehen; der Winkel des
Halbkreises ist größer als jeder spitze geradlinige

---

[66] nach der Übersetzung aus dem Griechischen von Clemens Thaer, s.
Fußnote 60

Winkel, der Restwinkel ist kleiner.)[67] Siehe Abb. S. 86.

Corollarium: unde etiam manifestum est omnem lineam rectam a termino diametri cuiuslibet circuli orthogonaliter ductam circulum ipsum contingere.

(Zugabe: Daher ist es auch klar, dass jede Gerade, die am Ende eines Durchmessers senkrecht zu diesem geführt wird, den Kreis selbst berührt.)

Hier geht es um Tangenten am Kreis und um das Problem unendlicher Teilbarkeit. Bei der Auseinandersetzung mit dieser Proposition gewinnt man den Eindruck, dass Albert sich der Möglichkeit unterschiedlicher Kleinheiten durchaus bewusst ist. Er folgt zwar der Argumentation von Euklid, macht sich aber weiter Gedanken über die Teilbarkeit von Winkeln. Er widerspricht den Sophisten, die sagen, es gäbe keinen kleinsten Winkel, da jeder Winkel immer weiter teilbar ist. Er aber stellt fest, sozusagen im Sinne der Eindeutigkeit einer Tangente in einem Berührpunkt, dass der Winkel – ich benutze jetzt meine Formulierung – der Tangente im Berührpunkt mit sich selbst „keine Größe" hat, daher am kleinsten ist und somit auch nicht mehr teilbar.

Diese Auseinandersetzung scheint ihm wichtig zu sein, und ihm passiert, möglicherweise vor Aufregung

---

[67] Hier Übersetzung aus dem Griechischen, der Beweis des Euklid ist bei Harri Deutsch, Buch III §16 nachzulesen, s. Fußnote 60.

oder Unkonzentriertheit, dass er sich verschreibt, seine eigenen Bezeichnungen verwechselt, so wie er sich bei der Berechnung des Kleinheit der Erde einfach vertut.

Der Winkel zwischen Kreisbogen und Tangente kann dann im Berührpunkt auch nur den Wert Null haben. Hier sieht er aber die Teilbarkeit durch krumme Linien. Man kann die „Größe des Raumes" teilen. Das ist für ihn aber kein Teilen mehr im geometrischen Sinne, diese Überlegungen gehörten in einen anderen Bereich. Er mag sich nicht festlegen und lässt Zweifel zu.

5. Mathematik in den philosophischen Schriften

Ehe ich auf weitere mathematischen Abhandlungen in den Schriften von Albertus eingehe, stelle ich noch Alberts mathematische Begrifflichkeit von Mathematik und seine Vorstellung von Mathematik als einer exakten Wissenschaft vor.

5.1 Mathematische Begriffe und Mathematik als exakte Wissenschaft

Albertus sagt: In den mathematischen Begriff geht keine sinnlich wahrnehmbare Materie ein. Sein Inhalt ist verstandesmäßiger Art, eine imaginäre Größe. Wenn z.B. gefragt wird, was ein Kreis ist, dann wird die Begriffsbestimmung nicht vom Stofflichen her gewonnen, sei es ein Ring oder eine Figur am Firmament. Sie kommt vielmehr dadurch zustande, dass man den Kreis von allem sinnlich Wahrnehmbaren entkleidet, wie in der Euklidschen Beschreibung: Der Kreis ist eine Ebene, eine von einer einzigen Linie umschlossene Figur, in deren Mitte ein Punkt ist, genannt Mittelpunkt, und alle Strecken, die vom Mittelpunkt aus zur Linie (zum Umfang) gezogen werden, sind gleich. Der Begriff des Kreises ist überall gleich.

Das gilt ebenso für alle mathematischen Begriffe.[68] Auf den mathematischen Begriffen baut sich eine feststehende Forschung auf, die unabhängig ist von Meinungen. Sie ergibt ein zwingend bewiesenes Wissen. Solche vom Verstand erworbenen mathematischen Fertigkeiten und Grundsätze gehören zu einer exakten Wissenschaft, sie heißen „doctrinales" und „disciplinales", weil sie aus unveränderlichen Sätzen hervorgehen. Diese grundlegenden Erkenntnisse seien von dem Schüler (discipulus) einfach einzusehen, wenn ihm die Begriffe durch den Lehrer (doctor) mit entsprechenden Kenntnissen vorgelegt würden.

Hinzu kommt, so Albertus, dass sie keine Erfahrungen voraussetzen, wie Aristoteles im 6. Buch der Nikomachischen Ethik[69] sagt, sondern, sobald der Lehrer sie schlicht bewiesen hat, prägen sie sich dem Verstand des Schülers fest ein. Deshalb bringen es die jungen Menschen ohne viel Erfahrung in den mathematischen Wissenschaften vielfach außerordentlich weit, was in der Naturforschung nicht möglich ist, weil da die Erfahrung durch Beobachtung viel mehr

---

[68] aus Physica I, nach Albertus Magnus, Ausgewählte Texte *Lateinisch – Deutsch*, Hrsg. Albert Fries, WBG Darmstadt 2001, S.118-119

[69] Die Nikomachische Ethik des Aristoteles hatte Albert zunächst nur teilweise in lateinischer Übersetzung zur Verfügung; die vollständige, von Robert Grosseteste angefertigte Übersetzung lag ihm ab 1246 vor

leistet als die Wissensvermittlung durch logisches Ableiten.[70]

5.2 Proportionen und die Begriffsbestimmung der Seele

Die Mathematik nimmt in den Werken von Albertus Magnus einen auffallenden Platz ein.[71] Der Name Euklid wird häufig genannt. Albertus nennt viele Zitate aus fast allen dreizehn Büchern der „Elemente", und das zeigt eine große Vertrautheit Alberts mit dem Inhalt der Elemente. So hat Paul Tummers (1984) eine Liste mit über 100 solcher Zitate mit allen notwendigen Details aufgestellt. Dabei wird deutlich, dass es signifikante Parallelen zwischen Zitaten des Euklids und den entsprechenden Stellen im Albertus-Kommentar gibt.

Neben den Zitaten gibt es weitere Stellen, in denen Beispiele aus der Mathematik zur Erklärung anderer Sachverhalte benutzt werden. Albert Fries (2001),

---

[70] Metaphysica (Ed. Col. t. 16 p. 1, 27-56) nach Albertus Magnus, Ausgewählte Texte *Lateinisch – Deutsch*, Hrsg. Albert Fries, WBG Darmstadt 2001, S. 119-121

[71] Robert Ineichen, Zur Mathematik in den Werken des Albertus Magnus, S. 67

54

S.120 ff, zeigt das an einem Text aus „*De anima*"[72], in dem es um die Begriffsbestimmung der Seele geht[73].

Albertus holt sehr weit aus, zeigt, dass er mehr als nur die ersten vier Bücher des Euklid kennt und bezieht sich zunächst auf Buch V, *9*. Definition: Wenn drei Größen in stetiger Proportion[74] (proportio continua) stehen, sagt man von der ersten, dass sie zur dritten zweimal im Verhältnis stehe wie zur zweiten.

z. B.   3 ; 6; 12 $3 : 6 = 1 : 2$

$3 : 12 = 1 : (2{\cdot}2) = 1 : 4$

Albertus formuliert: „zusammenhängend" nenne ich jene Proportion, wo die erste Größe zur mittleren und die mittlere zur dritten im Verhältnis steht, also z. B.

$$\frac{3}{6} = \frac{6}{12} \;\rightarrow\; 3{\cdot}12 = 6{\cdot}6$$

Er sagt: man muss wissen, dass aus drei Größen, die in einer zusammenhängenden Proportion stehen, notwendigerweise eine Quadratur und ein ungleichseitiges Viereck entstehen, und diese zwei Figuren können nicht aus mehr oder weniger Größen bestehen.

---

[72] De anima, lib. 2, tract. 1, cap. 5; Ed. Col. 7, 1, p. 71, 58-72, 74

[73] „De anima" enthält eine Formen- und Seelenlehre, die einen geradezu modernen Formen- und seelentheoretischen Entwurf darstellen! Aus Ingrid Craemer-Ruegenberg, Die Seele als Form in einer Hierarchie von Formen, in: Albertus Magnus – Doctor universalis, 1280 / 1980, Hrsg. G. Meyer, (A. Zimmermann, Philosophische Reihe Bd. 6), Mainz 1980, S. 59-88

[74] Hier zeigen sich bei Euklid die Spuren der neuen mathematischen Theorien des Eudoxos von Knidus (ca. 400-ca. 350). Siehe auch Th. Sonar, Einführung in die Analysis, Vieweg 1999, S. 24f

Man sieht: ein ungleichseitiges Viereck $3 \cdot 12$ ist flächengleich dem Quadrat aus $6 \cdot 6$.

In Buch II heißt es aber in der 1. Definition: Von jedem rechtwinkligen Parallelogramm sagt man, dass es von den beiden den rechten Winkel umfassenden Seiten umfasst (das Rechteck aus den Seiten) werde. Beim Quadrat sind diese beiden Seiten gleich, sie kommen aus einer einzigen Größe, es gibt nur Gleichheiten.

Das ungleichseitige Viereck (hier Rechteck gemeint) wird von zwei Linien umfasst; diese Figur hat nämlich zwei einander gegenüberliegende gleiche Seiten. Die (Seiten, die) sich im Winkel berühren, sind ungleich. Hier liegen somit zwei verschiedene Gleichheiten und zwei Ungleichheiten vor.

Sooft aber drei Größen gegeben sind, die in einer zusammenhängenden Proportion stehen, lassen sich daraus ein Quadrat und ein ungleichseitiges Viereck bilden. Das Quadrat der mittleren Größe ist also gleich dem ungleichseitigen Viereck aus der Vervielfältigung der beiden äußeren Größen miteinander.

z. B.: 4; 6; 9 $\qquad$ $6^2 = 4 \cdot 9$

5; 15; 45 $\qquad$ $15^2 = 5 \cdot 45$

Zur Begriffsbestimmung der Quadratur weist Albertus zwei Möglichkeiten auf:

56

1. <u>Möglichkeit</u>: Die Quadratur ist ein gleichseitiges und gleichwinkliges Rechteck (Quadrat) in Flächengleichheit mit einem ungleichseitigen Viereck. Mit dieser Aussage wird nur das „Was" („quid"), der Tatbestand festgelegt. Hier wird nur ausgesprochen, dass eine bestimmte Eigenschaft zu einem Träger gehört.

2. <u>Möglichkeit</u>: Die Quadratur ist „die Auffindung der mittleren Proportionale" (Aristoteles) bei drei Größen einer zusammenhängenden Proportion. Mit dieser Aussage wird auch das „Warum" (der Grund des Tatbestandes) dafür angegeben, dass das Quadrat einem ungleichen Viereck gleich ist. Von dieser Begriffsbestimmung geht Beweiskraft aus, gerade durch sie wird nämlich der Beweis erbracht, dass eine Eigenschaft in ihrem Träger begründet ist.

3.

Wie findet man die mittlere Proportionale? Albert weist nicht darauf hin. Das Verfahren steht im VI. Buch des Euklid unter Prop.13 (A. 5), vorausgesetzt wird III. Buch Prop. 31 (Thaleskreis). Daraus folgt wieder der Höhensatz des Euklid.

Albertus sagt nun:
Ein Gleiches gilt auch für die Begriffsbestimmung anderer Dinge, z.B. für die Seele:

<u>gemäß 1</u>: Die Seele ist die Lebensform des physischen (auf Leben angelegten) Körpers. Bei dieser Aussage fehlt die Angabe der Ursache dieses Tatbestandes. Es muss also

<u>gemäß 2</u> eine Begriffsbestimmung der Seele so gefunden werden, die den Grund angibt, warum die Seele die den Körper belebende Wirklichkeit ist.

Auf die weiteren theologischen Ausführungen Alberts will ich hier verzichten.

5.3 Punkt-Linie, Linie-Fläche, Fläche-Körper
aus: Metaphysica[75]

Der folgende Text enthält in verkürzter Form die übersetzten Aussagen von Albertus Magnus zum Begriff des „Punktes":

Platon sagt dazu: der Punkt bildet die Linie, die Linie die Fläche, die Fläche den Körper. Nach seiner Meinung ist zuallererst der Punkt ein „Für sich Seiendes", dann erst die Linie, am wenigstens der Körper. Die Auffassung der Peripatetiker steht dazu im direkten Gegensatz. So auch Alberts Auffassung.

Ihm zufolge ist die Ausdehnung des Körpers das erste Maß, und die Fläche hat nur als Grenze des Kör-

---

[75]Albertus Magnus, Ausgewählte Texte *Lateinisch – Deutsch*, Hrsg. Albert Fries, WBG Darmstadt 2001, S. 129ff

pers und nicht aus sich heraus zwei Dimensionen. Eine Linie hat eine einzige Dimension nur als Grenze der Fläche, der Punkt hat als das Ende der Linie das Unteilbar-Sein.

Einschub: Nach Barry Smith[76] ist die Wahrnehmung räumlicher Körper wenigstens zum großen Teil eine Wahrnehmung körperlicher Grenzen. Der Wahrnehmungsraum ist primär durch zweidimensionale Flächen konstituiert, die weiter durch eindimensionale interne und externe lineare Grenzen strukturiert sind. Unsere Wahrnehmungswelt ist demnach eine Grenzwelt.

Auch folgender Vorstellung kann Albertus nicht zustimmen: Der Punkt bildet durch seine Bewegung eine Linie, die Linie bildet durch ihre Bewegung die Fläche und die Fläche ihrerseits so den Körper. Für Albertus ist diese Vorstellung ein wirklichkeitsfremdes Phantasieprodukt, weil Punkte, Linien und mathematische Körper sich nicht bewegen.

Punkt-Linie:
Wie aber steht es um das Problem des Zusammenhangs zwischen Punkt und Linie bzw. zwischen Linie und Körper? Albertus stellt fest: Jede Wesensbeschaf-

---

[76] Barry Smith, Zur Kognition räumlicher Grenzen (Teil eines Forschungsprojektes zur künstlichen Intelligenz in der Schweiz), Eine mereotopologische Untersuchung, nach 1995, Department of Philosophy and Center for Cognitive Science, SUNY Buffalo

fenheit einer jeden Natur lässt sich auf ein Unteilbares zurückführen. So ist ein Punkt ein für sich unteilbar Seiendes (Punkte sind also Indivisibilien). Er steht am Anfang einer Linie, die Linie hat in Punkten ihre Grenze, die Linie teilt sich in Punkte, weil der Punkt der Seinslage nach in ihr liegt.

Der Punkt ist der anlagenhafte (*potentialis*) Seinsbestand der Linie, die Verwirklichung der Linie aber ist die ununterbrochene Punktfolge, und diese Verwirklichung kommt von dem ununterbrochenen Fortschreiten des Punktes, so ähnlich, wie das vorübergehende Jetzt die Zeit ausmacht, allerdings mit dem Unterschied, dass die Zeit keinen Bestand hat. Das Fließen des Punktes macht die Linie. Also: weder besteht die Linie aus Punkten noch die Zeit aus Jetzt-Punkten.[77]

Aus dem anhaltenden Fließen des augenblicklichen Jetzt entsteht das, was der Zeit das Wirklich-Sein gewährt, sie besteht eben aber in dem Jetzt selbst. Die Zeit besteht aus dem Jetzt.

Die Linie besteht aus dem Punkt, das Fortschreiten (Fließen) des Punktes ist das Wirklichsein und das

---

[77] Gottfried Wilhelm Leibniz schreibt 1715 in seiner Zusammenstellung der metaphysischen Anfangsgründe der Mathematik dazu: „ …dann ist die Linie der Weg des Punktes. Die Fläche ist der Weg der Linie. Der gesamte Raumumfang oder, wie man gemeinhin sagt, der solide Körper ist der Weg der Fläche." Aus G. W. Leibniz: Philosophische Schriften, Bd. IV, Schriften zur Logik und zur philosophischen Grundlegung der Mathematik und Naturwissenschaft, Hg. H. Herring, Darmstadt (Wissenschaftliche Buchgesellschaft) 1992; S.353f

bleibende Zusammenbestehen ihres Hervorganges aus dem Punkt.

Die fortschreitende Entwicklung des Punktes ist nicht die Bewegung eines schon im Raum selbständig existierenden Punktes.

Diese fortschreitende Entwicklung ist jener „Vorwärts-Gang" (*processio*), womit sich der Ursprungsgrund der von ihm begründeten Natur mitteilt, so wie das fortschreitende Jetzt die Zeit bewirkt. In einem solchen Prozess (*processio*) besteht der Ursprungsgrund gleichzeitig zusammen mit dem von ihm begründeten Seienden.

Bei Vorgängen dieser Art ist der sich auswirkende Ursprungsgrund dem Seinsgehalt nach ein und dasselbe wie das von ihm abgeleitete Etwas, jedoch verschieden im Wirklich-Sein, weil seine Auswirkung ein bestimmtes Wirklich-Sein herstellt.

Die Formulierung mit dem „Vorwärts-Gang" übernimmt Albertus von bedeutenden Peripatetikern, die vom Übergang des Ursprungsgrundes in den wirklichen Vollzug sagen, dass der Ursprungsgrund durch sich selbst das Wirklich-Sein in dem Einzelseienden verursacht.

6. Über das Kontinuum

6.1 Zeit, Bewegung, Indivisiblien und das Kontinuum von Aristoteles bis zur Scholastik

Die Frage nach der Vorbereitung der Infinitesimalrechnung in der Scholastik wird immer wieder gestellt und diskutiert. Wolfgang Breidert hat sich in seiner Abhandlung „Das aristotelische Kontinuum in der Scholastik"[78] mit dieser Fragestellung auseinandergesetzt. Eine neuere, sehr ausführliche Arbeit durchleuchtet dabei ganz speziell den Kontinuumsbegriff bei Albertus Magnus.[79]

Da Albertus das Entstehen einer Linie aus einem Punkt mit dem Entstehen von Zeit durch das Jetzt vergleicht, muss man sich zunächst mit dem Zeitbegriff und der Vorstellung eines Kontinuums bei Aristoteles beschäftigen (Kontinuum begrifflich zuerst bei Aristoteles!).

Es ist weiterhin festzustellen, dass Überlegungen zum Zeitbegriff bis heute aktuell sind. Den letzten Aufsatz mit dem Titel „ Wie lang ist das Jetzt?" schrieb Dörte Sasse in dem Magazin der Physikalisch-Technischen Bundesanstalt im September 2005. Sie

---

[78] Wolfgang Breidert, Das aristotelische Kontinuum in der Scholastik, Aschendorff, Münster 1970

[79] Friedrich Hanisch, „ Zur aristotelisch-albertschen Theorie des Kontinuums", in Mediaevalia Philosophica Polonorum XXXV (I) 2006, S. 115-144

stellt fest: Zeit kann man zwar nicht erklären, aber man kann sie beschreiben. Das formulierte Augustinus auch schon so. Man kann sie in Stücke teilen (das überlegt auch Aristoteles) und sehr genau messen. Letzteres ist neueren Datums. In dem Aufsatz „Die Virtualität der Zeit nach Aristoteles" schreibt Thomas Buchheim, [80] das Jetzt ist zwar notwendigerweise eine *Grenze* der Zeit (wie bei Albert der Punkt eine Grenze der Linie ist), d.h. eine Markierung, die die Zeit bestimmt, abgrenzt gegen andere Zeit. Aber das Jetzt ist sicher kein Teil der Zeit. Ähnlich formuliert H. D. Zeh, Heidelberg[81], dass die Gegenwart (und somit ihr vermeintliches *Fließen* in Richtung auf die dadurch definierte Zukunft) offenbar keine Eigenschaft der Zeit selbst ist. Man kann nicht ein Jetzt an das andere fügen, ohne dass eine Zeit dazwischen läge. Verschiedene Jetzt müssen notwendig zu verschiedener Zeit sein; ist die Zeit aber verschieden, so liegt auch immer eine Zeit dazwischen.

Diese Strukturmerkmale eines Kontinuums hat Aristoteles als erster Philosoph herausgestellt. Er hat daraus allerdings geschlossen, dass kein Kontinuum aus diskreten Elementen bestehen könne, also die Linie nicht aus Punkten, die Zeit nicht aus Momenten

---

[80] Thomas Buchheim, Die Virtualität der Zeit nach Aristoteles, Ludwig-Maximilians-Universität München, thomas-buchheim.de/zeit.pdf, 2005
[81] H. D. Zeh, Heidelberg, Über die „Zeit in der Natur", in Evolution und Irreversibilität, Berlin, 1998

oder eben Jetzten. Mathematisch betrachtet hatte er damit sicher nicht Recht. Siehe die Theorie der transfiniten Zahlen von Cantor.

Die der Zeit eigentlich zugrunde liegende Wirklichkeit ist nach Aristoteles die Bewegung. Es kann nicht Zeit vergangen sein, ohne dass etwas geschehen ist oder Bewegung von statten gegangen ist, was aber nicht heißt, dass die Zeit schon in der Bewegung selbst steckt. Und Bewegung ist wesentlich eine kontinuierliche *Abfolge* der *Ordnung* von Zuständen.

Aristoteles schreibt: „Da das Bewegte sich von etwas zu etwas bewegt und alle Ausdehnung kontinuierlich ist, folgt die Bewegung der Ausdehnung [sie beschreibt sie, wie wir sagen]. Durch die Kontinuität der Ausdehnung besteht die Kontinuität der Bewegung, und durch die Kontinuität der Bewegung die der Zeit. Denn so viel Bewegung, so viel Zeit scheint auch immer verstrichen zu sein. ...".[82] Dann folgen Aussagen über das Davor und Danach im Raum und in der Zeit. Den Aspekt der Ordnung oder Abfolge in der Bewegung trennt Aristoteles von dem, was in der Abfolge steht, nämlich die Bewegung oder das kontinuierliche Übergehen von Zustand in den Zustand eines Dinges.

Wir nehmen bei einer Bewegung irgendeinen vorangegangenen Zustand und irgendeinen danach

---

[82] Thomas Buchheim, Die Vitualität der Zeit nach Aristoteles, S. 7

kommenden Zustand als zwei verschiedene Momente oder Jetzte an und schieben eine kontinuierliche Strecke dazwischen, die sie verbindet. So erst haben wir die Zeit. Die Zeit ist nach Aristoteles ein virtuelles Ordnungs- oder Bezugssystem für alles in Bewegung Seiende. Es ist also eine metrische Betrachtungsweise.

Entsprechend definiert Aristoteles die Zeit: „Die Zeit ist also dies: eine Zahl der Bewegung gemäß dem Davor und Danach. ...".[83] Die Zeit ist also wie etwas Zählbares in Bezug auf das Davor und Danach der Bewegung. Oder anders formuliert: Zeit ist für ihn ein Maß für Bewegung. Das Messen der Zeit kann er sich nur als ein Abzählen von periodischen Vorgängen mit Hilfe der natürlichen Zahlen vorstellen. Die Zeit ist nicht die Bewegung an sich, sondern das Abzählbare an ihr. Die reellen Zahlen als Grundlage der kontinuierlichen räumlichen Bewegung galten ihm noch als unfassbar, ein Problem, das auch zu einigen (Zenonschen) Paradoxien Anlass gab.

Bei den angesprochenen Paradoxien sind insbesondere die des Parmenides-Schülers Zenon gemeint. Für Parmenides besitzt das Denken eine größere Überzeugungskraft als die zu Widersprüchen neigenden Sinneswahrnehmungen. [ganz anders Albert!] Sehr bekannt ist z.B. die Bewegungsparadoxie von Achilles mit der Schildkröte. „Das langsamste Wesen

---

[83] Ebenda S. 11

wird niemals im Lauf von dem schnellsten eingeholt
werden, denn notwendigerweise muss das verfolgende
Wesen immer erst zu dem Punkt kommen, von wo das
Fliehende schon aufgebrochen ist, so dass notwendigerweise das langsamere immer einen gewissen Vor-
sprung hat."[84] U. a. auch bei diesem Beispiel betrachtet Zenon bei der Zerlegung des Seienden (fortgesetz-
te Dichotomie) die wachsende Anzahl der Teile iso-
liert von der Verkleinerung derselben. Er macht so
etwas wie eine getrennte Grenzwertbildung. Sicher
unbewusst macht so Zenon die Erfahrung, dass Rela-
tionen beim Übergang ins Unendliche nicht erhalten
bleiben müssen.

Aristoteles nennt die Bewegungsbeweise Zenons
„Schwierigkeit bereitend". Er widerlegt die
zenonschen Beweise mit Hilfe des Kontinuumbegrif-
fes. Der aus der Anschauung entwickelte Begriff des
Kontinuums bildet für Aristoteles die Grundstruktur
der physikalischen Welt und erfüllt in seinem System
der Physik die Funktion der strukturellen Verbindung
von räumlichen Größen, Bewegung und Zeit.[85] Aristoteles beweist die Strukturgleichheit von Raum, Zeit
und Bewegung (Näheres dazu auch bei Breidert[86]).
Damit löst er den „Achilles", der unendlich viele Zwi-

---

[84] Siehe auch Wolfgang Breidert, Das aristotelische Kontinuum in der
Scholastik, S. 7
[85] Ebenda S. 10
[86] Ebenda S. 11-15

schenstationen in endlicher Zeit durchlaufen müsste. Die Zenonschen Argumente widerlegt Aristoteles durch den Hinweis auf die Gleichartigkeit der Teilbarkeit von Raum und Zeit.

Die Bewegung[87] steht bei Aristoteles als selbständige Kontinuumsart zwischen der räumlichen Ausdehnung und der Zeit. Weg, Bewegung und Zeit entsprechen sich. Die Bewegung kann daher als Medium dienen, um die unendliche Teilbarkeit der Zeit auf die Stetigkeit des Weges zurückzuführen.

Zusammenfassend schreibt Breidert: „Betrachtet man die Scholastik hinsichtlich der Modifikation der aristotelischen Kontinuumsauffassung und der möglicherweise daraus resultierenden Vorbereitung neuzeitlicher Lösungen der Stetigkeitsprobleme, so liegt der Beitrag der Scholastik zur Vorbereitung der Infinitesimalrechnung des 17. Jahrhunderts nicht so sehr in einer Transformierung der Fragestellung und auch nicht so sehr in den Katalogen der Paradoxien des Kontinuums mit den dazugehörigen Lösungsversuchen[88], als vielmehr in der Ausarbeitung von Indivisi-

---

[87] Mit dem aristotelischen Begriff „Bewegung" als quantitativen Begriff lassen sich weder „Impuls" noch „Geschwindigkeit" im neuzeitlichen Sinne identifizieren. Siehe auch Breidert S. 23

[88] Z.B. in dem Thomas Bradwardine (ca. 1290-1349) zugeschriebenen Traktat „De continuo", geschrieben zwischen 1328 und 1335, De continuo (On the Continuum), edited by John Emery Murdoch in 'Geometry and the Continuum in the Fourteenth Century: A Philosophical Analysis of Thomas Bradwardine's Tractatus de continuo', Ph.D. thesis, University of Wisconsin, 1957.

bilienmethoden, die zur mathematischen Bewältigung der Kontinua führen, ohne die aristotelische Erkenntnis aufgeben zu müssen, dass das Kontinuum nicht aus Indivisibilien besteht. "

Albertus hält sich an Aristoteles, andererseits finden wir in der Hochscholastik eine Verklammerung von Theologie, Kosmologie und Physik. So stellt sich denn die Frage nach den Indivisibilien bei Albertus Magnus. Insbesondere im sechsten Buch seiner *Physik* und im Buch „*De indivisibilibus lineis*" setzt er sich damit auseinander.

Er benutzt dabei eine einheitliche Terminologie, nämlich *nunc* für das Zeitindivisibile und *momentum* für das Indivisibile der Bewegung. Er benutzt die Flußmetapher für alle Kontinuumsarten. Das bedeutet wiederum, dass die Indivisibilien von besonderer Bedeutung sind.

Aus der Flussvorstellung des Kontinuums ergibt sich, dass das *Medium* zwischen zwei Indivisibilien zum selben *Genus* gehört wie die Indivisibilien. Zwischen zwei Punkten ist das *Medium* eine Linie und nicht eine Zeitstrecke; zwischen zwei Linien liegt eine Fläche, zwischen zwei Jetzt eine Zeit, usw. Der Übergang von einem Jetzt zu einem anderen Jetzt wird als Fließen verstanden, bei Albertus ist in dieser Vorstellung bereits die Stetigkeit im aristotelischen Sinne enthalten.[89]

Breidert formuliert: „Wenn zwischen den drei Kontinuumsarten und ihren zugehörigen Indivisibilien analoge Beziehungen bestehen sollen, dann muss die aristotelische Lehre vom zählenden Jetzt modifiziert werden. Wenn eine völlige Analogie bestünde, müsste z.B. das Jetzt durch sein Fließen ebenso die Zeit erzeugen wie der fließende Punkt die Linie verursacht. Genau in diesem Sinne interpretiert Albertus: So wie ein Mobile sich auf seiner Bahn von einem ersten zu einem zweiten Raumpunkt bewegt, so fließt das Jetzt von einem früheren Punkt zu einem späteren Punkt in der Zeit.“[90]

Eine gewisse Schwierigkeit ergibt sich bei der Analogie zu dem Kontinuum der Bewegung. Aristoteles liefert in seiner Physik zwei verschiedene Korrelationen. Folgende wird von Albertus hervorgehoben: Das Jetzt ist ebenso wenig ein Teil der Zeit, wie der Schnitt ein Teil der Bewegung oder der Punkt ein Teil der Strecke ist. Unter dem Aspekt des Kontinuums entspricht das Mobile dem Punkt und dem Jetzt; unter dem Aspekt der Teilung entspricht der Schnitt dem Punkt und dem Jetzt. Die Probleme der Kontinua mit

---

[89] Siehe auch Wolfgang Breidert, Das aristotelische Kontinuum in der Scholastik S. 29

[90] Ebenda

Hilfe der Indivisibilien zu lösen, wird in den mathematisch-physikalischen Traktaten der späteren Scholastik wieder aufgegriffen

6.2 Das Unendliche in der Kontinuumsdiskussion

Kommt man auf den Aspekt der fortgesetzten Teilung zurück, ergibt sich die Frage nach dem Unendlichen. Nach Aristoteles gibt es eine unendliche Teilung, die Behauptung der Atomisten, die Teilung einer Größe komme an ein Ende, widerlegt er. Er fordert seine Leser im dritten Buch seiner *Physik* auf, über das Unendliche nachzudenken. Das macht man in der Scholastik reichlich. Es entwickelt sich eine mathematische Subkultur, in der über Mathematik philosophiert wird. Einige erkannte Probleme werden aber erst im 19. Jahrhundert geklärt.[91]

Ein gutes Beispiel für Alberts Nachdenken über unendlich fortgesetztes Teilen finden wir in dem folgenden Text:

"Est autem principium in geometria, quoniam linea quaelibet, sive sit circularis sive recta, est divisibilis in infinitum, ex quo principio sequitur, quod si figura multiangula in circulo describatur et eius anguli in punctis infinitis circuli circumferentiam signent, tamen in

---

[91] Thomas Sonar, Einführung in die Analysis, Vieweg 1999, S. 83

70

capacitatem circuli non perveniet, quia inter quoslibet duos angulos est linea, quae est corda alicuius partitionis, quae corda subtenditur arcui, qui maioris est quantitatis quam ipsa."[92]

Ausschnittsweise frei übersetzt: „ ... wenn man ein Vieleck einem Kreis einbeschreibt und dessen Ecken in unendlich vielen Punkten auf dem Kreis liegen, so wird dennoch die Länge des Kreises nicht erreicht. Denn zwischen zwei beliebigen Ecken liegt eine Strecke, die die Sehne des Teilbogens ist. Diese Sehne spannt also einen Bogen, dessen Länge größer ist als die der Sehne."

Da hat Albert im Prinzip Recht. Es gibt natürlich einbeschriebene Vielecke mit unendlich vielen Ecken. Solche kann man sogar explizit angeben, wenn man die Ecken nur endlich viele Häufungspunkte haben lässt. Fordert man allerdings, dass alle Seiten gleiche Länge haben, dann gibt es kein solches Vieleck mit unendlich vielen Ecken. Man kann das nur annähern, was als Exhaustionsmethode bezeichnet wird.[93] Was sich allerdings Albertus vorgestellt hat, das kann man diesen Zeilen wohl nicht entnehmen, auch wenn sie im Sinne der heutigen Mathematik korrekt sind. Vermutlich hat sich Albert eher sehr viele Ecken vorgestellt ohne sich dieser Einschränkung wirklich be-

---

[92] Physica I, tr. 2, c.1; Ed. Colon. IV, 1, S. 17, Z. 12-21

[93] Das Exhaustionsverfahren nach Eudoxos und Archimedes kennt Albertus sicher noch nicht

wusst zu sein. Eine Konfliktsituation. Die Vorstellung eines Häufungspunktes von Ecken, wobei die Seiten bei Annäherung immer kleiner werden, ist für die damalige Zeit sicher zu abstrakt.[94]

Die Diskussion über das Unendliche schafft auch theologische Probleme. Da gibt es die Behauptung der Anfangslosigkeit der Zeit, denn, so argumentiert Aristoteles, ein Jetzt trennt Vergangenheit von Zukunft, also kann es kein erstes Jetzt geben. Aristoteles folgert zu viel, meint Albertus. Er meint, ein Widerspruch entsteht, wenn man einen Anfang als Entstehung aus dem Nichts wie aus einem bewegbaren Material denkt: „Ich sage, dass aus dem Nichts nichts durch Entstehung wird, aber durch das Tun eines Verursachenden wird aus dem Nichts [sehr wohl] etwas". Und das Tun kann nicht als zeitlicher Prozess gedeutet werden.[95] Albert kritisiert Aristoteles nicht nur an dieser Stelle und seine Kritik ist nicht nur „fromm", sondern trifft auch Schwächen im Aristotelischen Gedankengang.[96]

Mit der Aufnahme und Kommentierung, d.h. dem systematischen Weiterdenken von Euklids „Elementen", setzt Albertus Magnus in gewisser Weise einen Neuanfang im mathematischen Denken des Mittelal-

---

₉₄ Hinweise von Prof. Dr. K.-J. Wirths, TU Braunschweig
₉₅ Ingrid Craemer-Ruegenberg, Albertus Magnus, 2005, S. 96f (zu Albertus Magnus, Physica)
₉₆ Ebenda S. 98

ters. Er begründet damit eine fortlaufende Diskussion zum Problem der Indivisibilien und des Problemhorizonts der Unendlichkeit. Diesen Neuanfang darzustellen ist auch die Absicht meiner Ausführungen.

7. Ausblick auf spätere Entwicklungen zu Indivisibilien und Unendlichkeit

Die göttliche Allmacht im Hinblick auf die unendlich vielen Punkte des Kontinuums brachte der Scholastik weitere Schwierigkeiten. Der Gedanke, dass der allmächtige Gott eine Strecke unendlich oft teilen, aber nicht an das Ende des Prozesses kommen könne, muss den Denkern der Scholastik geradezu absurd erschienen sein.

7.1 Vertreter der ausgehenden Scholastik

Robert Grosseteste[97] (1168-1253) versuchte eine Lösung mit der These, dass eine Linie zwar eine unendlich große, aber eine bestimmte Anzahl von Punkten enthalte, die der jeweiligen Länge entspreche. Für ihn gab es demnach verschieden große Unendlichkeiten[98], die aber Gott allein bekannt seien.[99]

---

[97] Robert Grosseteste (1168-1253), Bischof von Lincoln, verfasst Aristoteleskommentare und einen Euklidkommentar

[98] „Et sunt infinita aliis infinitis plura et alia aliis pauciora." R. Grosseteste, De luce seu de inchoatione formarum, Ed. L. Baur, Münster i.W. 1912, S. 52

[99] Robert Grosseteste, Physikkommentar IV. Prof. Dr. K.-J. Wirths, TU Braunschweig, formuliert 2006 in einem Vortrag: „… das Unendliche, von einer höheren Warte gesehen kann ganz schön endlich sein."

74

Wilhelm von Ockham[100] (ca. 1285 – 1348) versucht diese Schwierigkeit zu beheben, indem er den unendlich vielen Teilen eines aktuell vorliegenden permanenten Kontinuums (sofern sie in diesem überhaupt enthalten sind) ein *esse in actu (*Dasein in Wirklichkeit*)* zuschreibt. Nach vollzogener Trennung befinden sich die Teile *in actu separato* (in abgetrennter, anderer Wirklichkeit).[101] Die Unendlichkeit in einem aktuellen endlichen Kontinuum ist ein Ärgernis. Ockham sieht, wie vorher schon Adam Wodeham (ca. 1295-1358) in folgenden Aussagen keinen Widerspruch:

- *Zwischen dem Anfangspunkt und jedem einzelnen anderen Punkt gibt es einen Zwischenpunkt.*

- *Zwischen dem Anfangspunkt und allen anderen Punkten (in ihrer Gesamtheit) gibt es keinen Zwischenpunkt.*[102]

Was die Indivisibilien anbetrifft, so leugnet Ockham jede Realität unteilbarer Elemente. Die Redeweise vom Endpunkt einer Linie bedeutet bei ihm nicht der Hinweis auf etwas wirklich Existierendes, sondern nur auf die Länge dieser Linie. Andererseits lehnt er

---

[100] Wilhelm von Ockham, ca. 1285 bis 1348 in München, spätscholastischer Philosoph und Theologe, wurde der Häresie verdächtigt, Flucht, Kaiser Ludwig der Bayer stellte ihn in München unter seinen Schutz. Begründet den spätmittelalterlichen Nominalismus

[101] Wilhelm von Ockham, Sent. II, zitiert bei W. Breidert, Das aristotelische Kontinuum in der Scholastik S. 38

[102] Zitiert nach W. Breidert, S. 39

den Begriff des Unteilbaren nicht gleich als sinnlos
ab. Seine Konzeption bleibt hier unklar.[103]

Thomas Bradwardine (1295-1349) ist mit dem ne-
gativen Begriff der *indivisibilia* weitergegangen als
Ockham. Er leugnet in seinem „*Tractatus de continuo*" die Realität von Punkten, Momenten und kleinsten unteilbaren Veränderungen, macht aber zugleich
den Versuch, mit diesen Begriffen zu arbeiten. Entgegen dem aristotelischen Verständnis können bei ihm
indivisibilia offenbar ein Kontinuum erzeugen. Und es
stellt sich die Frage, welchen Sinn der Gebrauch des
Begriffs „Punkt" hat, wenn man seine Existenz ab-
lehnt.[104]

Albert von Sachsen[105] gibt eine Antwort durchaus
im Sinne von Ockham, wenn er etwa sagt: Der Begriff
des Punktes allein und absolut hat keinen Sinn; verständlich und sinnvoll wird er nur in Bezug auf die

---

[103] Jürgen Sarnowsky, Die aristotelisch-scholastische Idee der Bewegung,
Studien zum Kommentar Alberts von Sachsen zur Physik des Aristoteles, Aschendorff, Münster, 1989
Reihe: Beiträge zur Geschichte der Philosophie und Theologie des Mittelalters Bd. 32, S. 276, Anm. 140

[104] Ausführlicher bei Jürgen Sarnowsky, S. 277ff

[105] Albert von Sachsen (eigentlich: A. von Rickmersdorf; auch: A. von
Helmstedt; Albertus de Saxonia), nominalistischer Philosoph und Natur-
forscher, als Albrecht III. Bischof von Halberstadt, * um 1316, † 1390 in
Halberstadt. - A. entstammte einer nach Helmstedt zugewanderten
Rickmersdorfer Bürgerfamilie und studierte in Prag und Paris. 1351-62
lehrte er in Paris und war 1353 Rektor der Sorbonne. 1365 erster Rektor
der Universität Wien, seit 1366 wirkte er als Bischof von Halberstadt.
Im Anschluss an Wilhelm von Ockham vertrat er den Nominalismus

Größe (*magnitudo*), als deren Teil er gesehen werden muss. Wie aber ein Teil nichts ohne das Ganze ist, so ist der Punkt nur in Bezug auf die Grenze des Ganzen (*terminus*) fassbar.

Verfolgt man die vielen Überlegungen zu den Indivisibilien, so kann man feststellen, dass trotz gewisser Einschränkungen der aristotelischen Vorgaben der Begriff der *indivisibilia* mehr für die Mathematik von Bedeutung ist, während der Begriff des Kontinuums mehr für die Naturphilosophie mit den Phänomenen Zeit, Größe und Bewegung zentral bleibt.

7.2   Momentangeschwindigkeit

Ohne ausführlicher auf die Bewegungsdiskussion eingegangen zu sein, ist festzuhalten, dass sich die Scholastik zunehmend für die einzelnen Momente der Bewegung interessiert. Die Nominalisten fragen aus Interesse an den Bewegungsindivisibilien, welche Geschwindigkeit ein Mobile in einem bestimmten Augenblick bei nicht gleichförmiger Bewegung hat. Die Totalgeschwindigkeit ist am Anfang des 14. Jahrhunderts klar definiert (bei Thomas Bradwardine, und Richard Swinehead), jetzt stellt sich die Frage nach der Momentangeschwindigkeit. Zur Klärung gibt es hypothetische Ansätze: Die Momentangeschwindigkeit wird als die Geschwindigkeit aufgefasst, mit der

sich der Körper bewegte, wenn er sich von diesem
Moment an gleichförmig weiterbewegen würde. Das
sind notwendige gedankliche Voraussetzungen für
eine noch zu entwickelnde mathematische Form wie
heute in der Infinitesimalrechnung vorzufinden.[106]

7.3 Indivisibilienmethoden des Cavalieri [107]

Aus der Mittelstufengeometrie ist das Cavalieri-
sche Prinzip bekannt, das besagt, dass zwei Körper
das gleiche Volumen haben, wenn alle zu einer vor-
gegeben Grundfläche und in gleichen Abständen ebenen parallelen Schnitte der Fläche nach miteinander
übereinstimmen.

Cavalieri kannte die scholastischen Indivisibilien-
Betrachtungen.[108] Gerhard von Brüssel[109] verwendet
bei Flächen die Gesamtheit aller untereinander parallelen Linien, die in der Cavalierischen Geometrie
ausdrücklich als Indivisibilien bezeichnet werden.[110]
Die Beziehung zwischen der Gesamtheit der Indivisi-

---

[106] Weitere Hinweise und Quellenangaben bei W. Breidert, S. 66f

[107] Bonaventura Cavalieri (1598 – 1647)

[108] C. R. Wallner, Die Wandlungen des Indivisibilienbegriffs von Cavalieri
bis Wallis, in: Bibliotheca Mathematica, 1903

[109] Gerhard von Brüssel, *Liber de motu*. Von Thomas Bradwardine über-
nommen in seinem Traktat *De proportionalitate motuum et magnitudi-
num.*

[110] B. Cavalieri, *Geometria indivisibilibus continuorum*, 2. Ed. Bologna
1653. Weitere Hinweise bei W. Breidert, S. 68

bilien und der Zusammensetzung des Kontinuums wird von Cavalieri ausführlich erörtert. Den Begriff aller Linien oder aller Ebenen erklärt er durch Negation (*per negationem*): Keine Linie bzw. keine Ebene sei ausgeschlossen, d. h. für jede beliebige Linie bzw. Ebene muss der Größenvergleich gelten, worin sich gerade die potentielle Konzeption unendlicher Gesamtheiten durch Aristoteles abzeichnet.[111] So ist die Frage, ob das Kontinuum aus Indivisibilien besteht, letztlich unerheblich. In der modernen Mathematik benutzen wir ein beliebig kleines $\varepsilon > 0$.

Die Indifferenz der Cavalierischen Methode gegenüber der Naturphilosophie liefert einen Beitrag zur Emanzipation der Mathematik als eigenständige Wissenschaft gegenüber der Philosophie. So nennt Leibniz die Cavalierischen Indivisibilienmethode „die Kindheit der wiedererwachenden Wissenschaft".[112]

Cavalieri wusste nicht nur mit Vergleichen umzugehen, sondern er hatte auch für eher konkrete Probleme eine Vorstellung, wie Flächeninhalte und Volumina durch Aufsummieren von unendlich vielen Indivisibilien zu berechnen seien.

---

[111] Siehe auch Breidert S. 68f. Die moderne Mathematik bewältigt das Problem der Stetigkeit ähnlich durch Formulierungen wie „...zu jedem beliebig kleinen $\varepsilon > 0$ gibt es ..."

[112] G. W. Leibniz, Mathematische Schriften V., Hrsg. C. I. Gerhardt, Berlin-Halle 1857, S. 231

7.4   Johannes Kepler

In den Jahren von etwa 1460 bis 1550 gab es für die
Mathematik eine durchaus fruchtbare Zeit, es waren
die Jahre der „Deutschen Coß".[113] Es wurden quadra-
tische Gleichungen formal richtig gelöst, Lösungen
algebraischer Gleichungen 3. und 4. Grades wurden
gesucht, Rechnen mit Buchstaben entwickelte sich.
Die neuen Erkenntnisse in der Astronomie forderten
Rechnen mit vielstelligen Zahlen, Mathematiker ent-
wickelten allgemeine Gesetze der Potenzrechnung
und Grundlagen der Logarithmenrechnung. Nach
dieser Zeit macht sich Johannes Kepler (1571-1630)
einen Namen. In seiner Gedankenwelt knüpft Kepler
wie Albertus an die Griechen an. Er ist kein Algebrai-
ker, somit kein Nachfolger der „Cossisten", er ist Ge-
ometer. Die Geometrie war, dank der Elemente des
Euklids, ein geschlossenes Gedankengebäude, die
Algebra entwickelte sich erst. Es fehlte der Begriff der
Stetigkeit. Das alles heißt nun nicht, dass er sich nicht
mit Algebra beschäftigt hätte, er brauchte auch sie für
seine mathematischen Erkenntnisse in der Astronomie, bei der Bestimmung von Planetenbahnen (1. und
2. Keplersches Gesetz) mit den Beobachtungswerten
des dänischen Astronoms Tycho Brahe.

---

[113] „Coß" ist abgeleitet von cosa (Sache), steht für algebraische Unbekann-
te.

80

7.5 Aus der Einleitung zur Quadratur der Kurven von Sir Isaak Newton

Die Vorstellung von kleinen oder kleinsten Teilchen, von Bewegung und Fließen finden wir auch bei Isaak Newton (1646-1716) wieder. So schreibt er in der Einleitung seiner „Abhandlung über die Quadratur der Kurven":

„Ich betrachte hier die mathematischen Größen nicht als aus äußerst kleinen Teilen bestehend, sondern als durch stetige Bewegung beschrieben. Linien werden beschrieben und im Beschreiben erzeugt nicht durch Aneinandersetzten von Teilen, sondern durch stetige Bewegung von Punkten; Flächen durch Bewegung von Linien; Körper durch Bewegung von Flächen; Winkel durch Rotation von Seiten; Zeiten durch stetiges Fließen; und ebenso ist es in anderen Fällen. Diese Erzeugungen finden in der Natur tatsächlich statt, und man kann sie täglich bei der Bewegung der Körper beobachten. Auf diese Weise lehrten auch die Alten die Erzeugung von Rechtecken, indem sie bewegliche Geraden an unbeweglichen Geraden entlang führten."

Die Bewegungs- und Wachstumsgeschwindigkeiten nennt Newton „Fluxionen" und die zu erzeugenden Größen „Fluenten" und entwickelt damit in den Jah-

ren 1665 und 1666 seine Art der Flächenbestim-
mung.[114]

---

[114] Sir Isaak Newton, Abhandlung über die Quadratur der Kurven (1704);
aus Ostwalds Klassiker der exakten Wissenschaften, Band 164, S.3, aus
dem Lateinischen übersetzt und herausgegeben von G. Kowalewski, als
Reprint erschienen bei Harri Deutsch, Frankfurth a. M.,1996

8. Anhang

8.1 Weitere Euklid-Übersetzungen nach Albertus:

• Campanus von Novara 1220 – 1296 (Italien), Kaplan von Papst Urban IV., übersetzt und publiziert Euklids „Elemente" um 1260. Seine Übersetzung ist der Standard-Euklid für 200 Jahre, teilweise wörtliche Übereinstimmungen mit Adelhard II. Veröffentlichung seiner Edition 1482. Er gilt als bedeutender Mathematiker seiner Zeit (nach R. Bacon), er verfasst astronomische Werke.

• Robert Grosseteste, gest. 1253, Bischof von Lincoln, mit Aristoteles- und Euklid-Kommentaren (letztere wohl von Albertus nicht benutzt).

• Der griechische Urtext der „Elemente" von Euklid war im Mittelalter im Allgemeinen nicht bekannt. Es entstand jedoch in Sizilien eine ausgezeichnete Euklid-Übersetzung aus dem Griechischen ins Latein. Ihr Einfluss war aber sehr gering. Albert kannte sie nicht.

• Wilhelm von Moerbecke (1215-1286) übersetzte ins Lateinische u. a. Archimedes (1269) und auf Wunsch des mit ihm befreundeten Thomas von Aquin mehrere Schriften des Aristoteles und anderer antiker Autoren.

8.2 Aus dem Euklidkommetars

Die Kopfzeile der ersten Seite des Euklidkommentars (Wien, Dominikanerkloster 80/45 105r) ist wichtig, weil sie zur Identifikation des Bearbeiters führte.

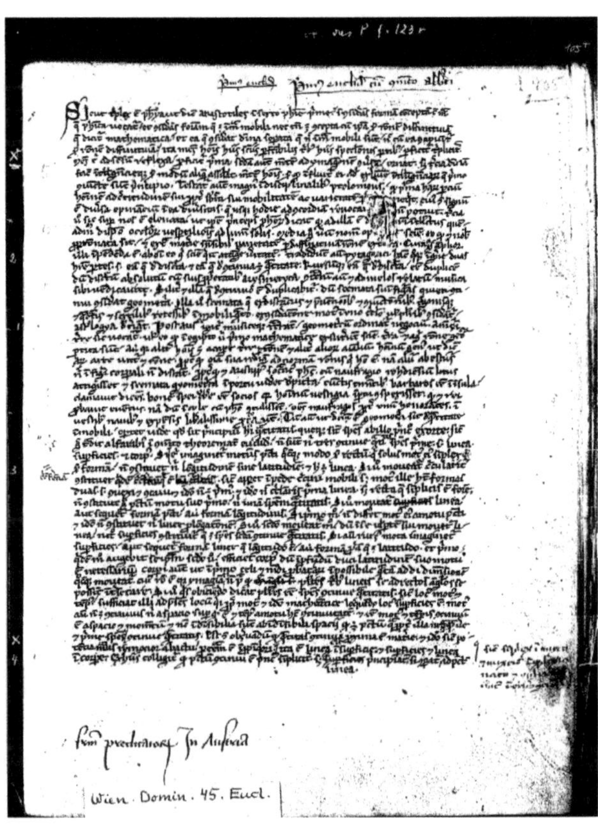

Satz des Pythagoras im Euklidkommentar, Wien, Dominikanerbibliothek, Super Euklidem, 80/45,121r

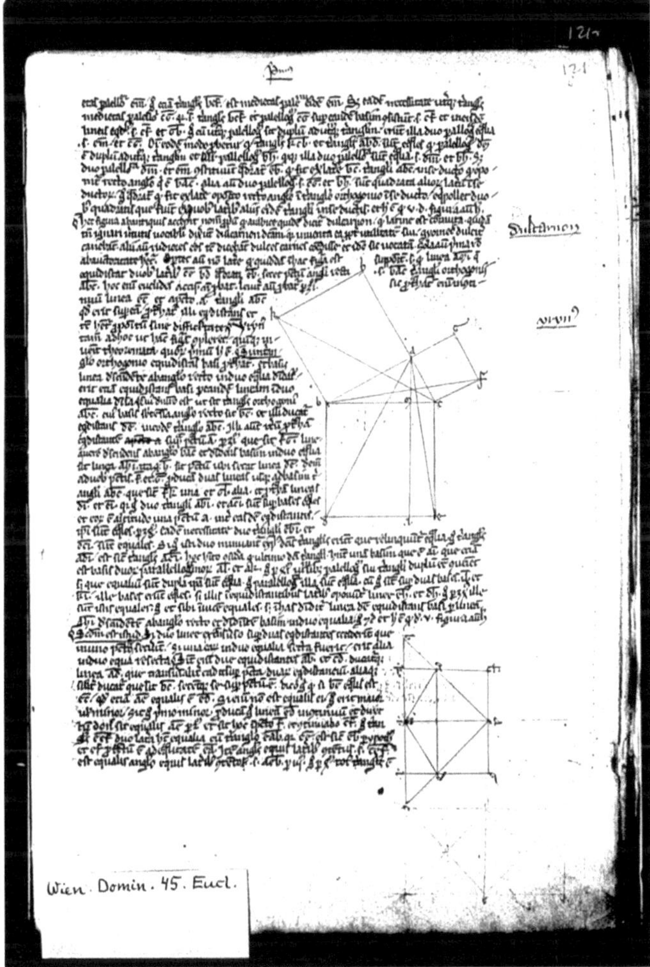

Tangentenfrage im Euklidkommentar

Wien, Super Euklidem 80/45, 135v

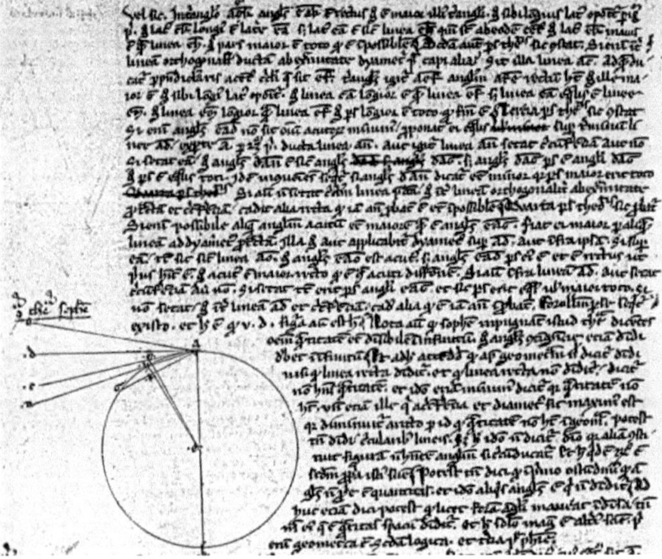

8.3 Aus der Geometrie des Boethius (ca. 480 – 524).

Seine Geometrie ‚De geometria' basiert auf einer unvollständigen Euklidübersetzung. Sie enthält nur

einfache Resultate ohne Beweise. Das Werk ist bis auf einige Fragmente verloren. Die Zeichnungen sind oft sehr schlicht. Boethius, Einsiedeln 298

8.4   Reisen des Albertus als Kreuzzugsprediger
Aus Ausstellungskatalog Köln, 1980

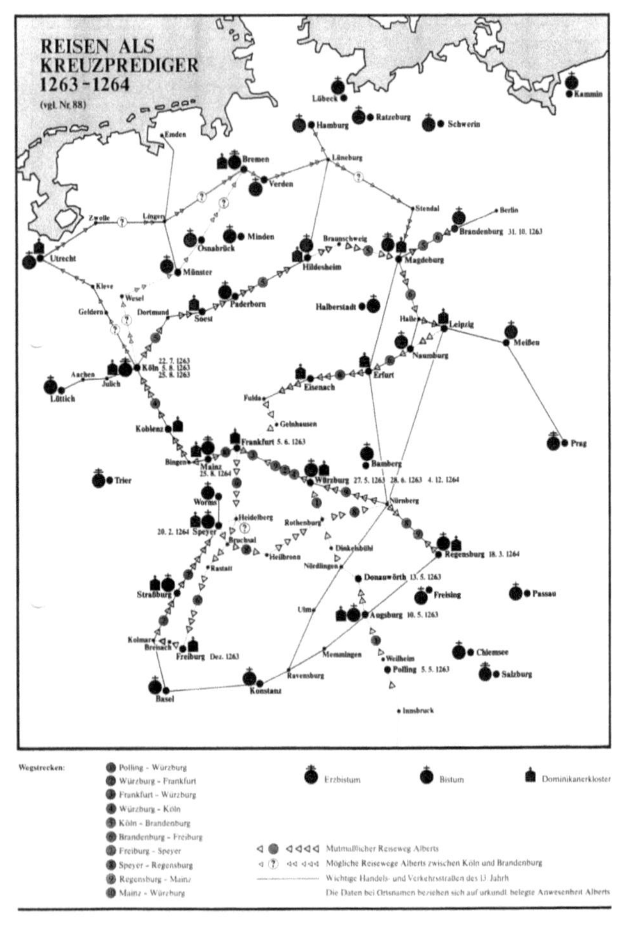

8.5 Das System der Studien an der Pariser Universität zur Zeit des Albertus Magnus

<table>
<tr><td colspan="2">Grundstudium der 7 freien Künste (artes liberales)
nach 6 Jahren Abschluss als Bakkalaureus Artium</td></tr>
<tr><td>Sprachliche Künste
(trivium)

Grammatik (Latein)
Logik/Dialektik
Rhetorik</td><td>Mathematische Künste
(quadrivium)

Geometrie
Arithmetik
Astronomie
Musik (Harmonielehre)</td></tr>
<tr><td colspan="2">Hauptstudium der drei Philosophien (Aristoteles)
Naturphilosophie, Ethik, Metaphysik
Abschluss als Magister Artium

Alternative Fachausbildung an den Fakultäten
Abschluss als Doctor

Theologie Jura (Kirchenrecht) Medizin</td></tr>
</table>

Literaturverzeichnis

Ausstellung „Albertus Magnus, der große Neugierige
– Begegnungen in Regensburg, Begleitheft zur
Ausstellung 2002, Herausgeber Stadt Regensburg,
Kulturreferat

Anzulewicz, Henryk, Rezeption und Reinterpretation: Pseudo-Dionysius Areopagita, die Peripatetiker
und die Umdeutung der augustinischen Illuminationslehre bei Albertus Magnus, Albertus-Magnus-
Institut, Bonn, Arche Verbi, Subsidua 8, 2011, S.
103-126

Anzulewicz, Henryk, Aeternitas – aevum – tempus,
der Zeitbegriff im System des Albertus Magnus,
2001, Albertus-Magnus-Institut

Ausstellungskatalog, Albertus Magnus, Ausstellung
zum 700. Todestag, Historisches Archiv der Stadt
Köln, 1980

Breidert, Wolfgang, Das aristotelische Kontinuum in
der Scholastik, Aschendorff, Münster 1970, Reihe:
Beiträge zur Geschichte der Philosophie und Theologie des Mittelalters, neue Folge Bd. 1

Buchheim, Thomas, Die Virtualität der Zeit nach
Aristoteles, Ludwig-Maximilians-Universität
München, thomas-buchheim.de/zeit.pdf, (Zeitan-
gabe: nur Übernahmejahr 2005)

Busard, H.L.L., The First Latin Translation of Euclid's Elements commonly ascriebed to Adelard of

Bath, Books I-VIII and X.36-XV.2, Reihe: Studies and Texts 64, Pontifical institute of Mediaeval Studies, Toronto 1983

0Craemer-Ruegenberg, Ingrid, Albertus Magnus, Hrsg. Henryk Anzulewicz, St. Benno Verlag, Leipzig, 2005, Reihe: Dominikanische Quellen und Zeugnisse

Craemer-Ruegenberg, Ingrid, Die Seele als Form in einer Hierarchie von Formen, in: Albertus Magnus – Doctor universalis, 1280 / 1980, Hrsg. G. Meyer, (A. Zimmermann, Philosophische Reihe Bd. 6), Mainz 1980, S. 59-88

Eckert, Willehad Paul, Leben und Werk des hl. Albertus Magnus, aus: Fries, Albertus Magnus Ausgewählte Texte, 1981, 4. Aufl., Wissenschaftliche Buchgesellschaft Darmstadt, 2001

Ehlert, Trude, (Hrsg.), Zeitkonzeptionen, Zeiterfahrung, Zeitmessung, Schöningh, aus: Rezension von Harald Müller, Berlin 1998

Eisler, Rudolf, Ewigkeit, www.textlog.de, (Zeitangabe: Übernahmejahr 2005),

Euklid, Die Elemente, übersetzt von Clemens Thaer (Hrsg.), Ostwalds Klassiker der exakten Wissenschaften Band 235, 4. Auflage, Verlag Harri Deutsch, Frankfurt am Main, 2003

Folkert, Menso, Mathematische Handschriften des Mittelalters, HTML-Version in: Einsichten, Forschung an der Ludwig-Maximilians- Universität München 1, 1996, Seiten 28-31

Fries, Albert, Albertus Magnus, Ausgewählte Texte, WBG, Darmstadt 1981, 4. Auflage 2001, A. Fries: Hrsg. und Übersetzer

Geyer, Bernhard, Die mathematischen Schriften des Albertus Magnus, Angelicum, Pontificia Università Santo Tommaso d'Aquino, Roma, Band/Heft 35, Seiten 159-175, 1944 vor dem Erscheinen vernichtet, nach Korrekturabzügen 1958 veröffentlicht

Glockner, Hermann, Die europäische Philosophie, Reclam, Stuttgart 1958

Halm, Heinz, Die Araber, Von der vorislamischen Zeit bis zur Gegenwart, Verlag C. H. Beck, München 2006

Hanisch, Friedrich, Zur aristotelisch-albertschen Theorie des Kontinuums, Mediaevalia Philosphica Polonorum XXXV (I) 2006, Seiten 115-144

Honnefelder, Ludger, Woher kommen wir? Ursprünge der Moderne im Denken des Mittelalters, Berlin, University Press 2008

Hoßfeld, Paul, Zum Euklidkommentar des Albertus Magnus, Archivum Fratrum Praedicatorum, Instituto Storico Domenicano, Roma 1982, Band/Heft 52, Seiten 115-133

Hoßfeld Paul, Albertus Magnus als Naturphilosoph und Naturwissenschaftler, Albertus-Magnus-Institut, Bonn 1983

Hofmann, **J. E.**, Über eine Euklid-Bearbeitung, die dem Albertus Magnus zugeschrieben wird, in: Proceedings of the [13.] International Congress of Mathematicians, 14.-21. August 1958, Cambridge 1960, 554-566 (http://www.mathunion.org/ICM/ICM1958/Main/icm1958.0554.0566.ocr.pdf)

Ineichen, Robert, Zur Mathematik in den Werken des Albertus Magnus, Freiburger Zeitschrift für Philosophie und Theologie, Freiburg, Schweiz, 1993, Band/Heft 40, Seiten 55-87

Kauzner, W., Von Albertus Magnus zu Johannes Kepler, Verhandlungen des Historischen Vereins für Oberpfalz und Regensburg (VHVO), 1980 Band/Heft 120, Seiten 407-430

Kobusch, Theo (Hrsg.), Philosophen des Mittelalters, Wissenschaftliche Buchgesellschaft, Darmstadt 2000

Meyer, G., Zimmermann, A. (Hrsg.), Albertus Magnus - Doctor universalis, 1280 / 1980, Matthias-Grünewald-Verlag, Mainz 1980, (Walberberger Studien, Philosophische Reihe Bd. 6)

Molland, A. G., Mathematics in the Thought of Albertus Magnus, University of Aberdeen, Aberdeen1980

Saccherie, Girilamo, Logica demonstrativa, Teil II, Kapitel 3 und 4, Ausgabe von 1697, S. 186-187,

übersetzt und Anmerkungen von Achim Wagen-
knecht, achimwagenknecht.de

Sarnowsky, Jürgen, Die aristotelisch-scholastische
Theorie der Bewegung, Studien zum Kommentar
Alberts von Sachsen zur Physik des Aristoteles,
Aschendorff, Münster, 1989, Reihe: Beiträge zur
Geschichte der Philosophie und Theologie des Mit-
telalters Bd. 32

Schneider, Jakob M., Aus Astronomie und Geologie
des hl. Albert des Großen, DIVUS THOMAS,
Jahrbuch für Philosophie und spekulative Theologie, III. Serie, 10. Jahrgang, 1932, Freiburg im
Üechtland (Schweiz)

Smith, Barry, Zur Kognition räumlicher Grenzen:
Eine mereotopologische Untersuchung (Zeitanga-
be: nach 1995), Department of Philosophy and
Center for Cognitive Science, SUNY Buffalo

Sonar, Thomas, Mathematik im Mittelalter, Pro- und
Hauptseminar, Ankündigungstext, TU Braunschweig, 2003

Sonar, Thomas, Einführung in die Analysis, Vieweg,
Braunschweig/Wiesbaden ,1999

Spierling, Volker, Kleine Geschichte der Philosophie, aus: Denkanstöße 2006, Piper 4453, München 2005

Steib, Birgit, Popp, Roland, Albertus Magnus – der
große Neugierige, in: Spektrum der Wissenschaft,
Nov. 2003, S. 70ff

Tummers, P. M .J. E., Anaritius' commentary on Euclid, The Latin Translation I-IV, Nijmwegen 1994, ingenium publishers

Tummers, P. M. J E., Editor, Alberti Magni Super Euklidem, Albertus Magnus Institut, Band 34, Aschendorf, Münster 2014

Weisheipl, James A., Albertus Magnus and the Sciences, Pontifical institute of Mediaeval Studies, Toronto 1980

Weisheipl, James A., Albert der Große, Leben und Werk (aus Manfred Entrich, Albertus Magnus, Sein Leben und seine Bedeutung, Styria, Graz, Wien, Köln 1982)

Wieland, Georg, Albert der Große, Leben und Werk (aus Manfred Entrich, Albertus Magnus, Sein Leben und seine Bedeutung, Styria, Graz, Wien, Köln 1982)

Wieland, Georg, Albert der Große, In Kobusch, Theo (Hrsg.), Philosophen des Mittelalters, Primusverlag, Darmstadt 2000

Wieleitner, H., Geschichte der Mathematik, Sammlung Göschen 226, Berlin, 1922

Wussing, Hans, Mathematik in der Antike, Teubner Verlagsgesellschaft, Leipzig 1965

Zeh, H. D., Über die "Zeit in der Natur", erschienen in: Evolution und Irreversibilität, H.-J. Krug und L. Pohlmann (Hsg.), Duncker und Humblot, Berlin 1998